新时代教育高质量发展书系

XINSHIDAIJIAOYUGAOZHILIANGFAZHANSHUXI

鸿泰鑫达

行为世范

如何做一名新时代的幼儿教师

吕立仁　编著

北方联合出版传媒(集团)股份有限公司

万卷出版有限责任公司

图书在版编目（CIP）数据

行为世范：如何做一名新时代的幼儿教师 / 吕立仁
编著. -- 沈阳：万卷出版有限责任公司，2024.4

ISBN 978-7-5470-6446-7

Ⅰ.①行… Ⅱ.①吕… Ⅲ.①幼教人员—师资培养—
研究 Ⅳ.①G615

中国版本图书馆CIP数据核字(2024)第010977号

出版发行：北方联合出版传媒（集团）股份有限公司
万卷出版有限责任公司
（地址：沈阳市和平区十一纬路29号 邮编：110003）
印 刷 者：三河市长城印刷有限公司
经 销 者：全国新华书店
幅面尺寸：170mm×240mm
字 数：150千字
印 张：12
出版时间：2024年4月第1版
印刷时间：2024年4月第1次印刷
责任编辑：工雨晴
责任校对：刘 洋
ISBN 978-7-5470-6446-7
定 价：49.80元
联系电话：024-23284090
传 真：024-23284448

前言

随着时代的变迁和社会的发展，教育理念也在不断地发生着变化。时代变了，思维方式变了，教育者就要知势、知变、知未来，把握教育发展的新风向，新征程，新使命。党的二十大报告中明确提出，"办好人民满意的教育"，"强化学前教育、特殊教育普惠发展"。

党的十九大以来，随着教育质量水平的不断提升，中国教育进入了高质量发展阶段。

中国教育事业发展追求的基本目标之一就是教育质量的提升，走高质量发展之路也是教育事业转型为内涵发展的必然选择。为保障学前教育实现从"有质量"到"高质量"的转变，从"外延式"到"内涵式"的转向，扎实推进"十四五"规划对学前教育发展要求的落实和执行，各级教育部门要切实帮助更多幼儿园提高办园质量，推进学前教育高质量发展。

当今，随着社会的发展、科学技术的进步、文学艺术的繁荣、知识门类的增多，教育事业得到了迅猛的发展；与此同时，人们对幼儿教育越发重视，全社会关注幼儿教育蔚然成风。在这种潮流下，人们注重的往往是对孩子技能的教授，却忽视了道德情操、举止言谈、行为习惯和意志品质的教育培养。

幼儿是祖国的花朵，是我们未来的希望。幼儿教育为孩子的一生奠定了坚实的基础，在其成长历程中有着举足轻重的作用。

《幼儿园教育指导纲要》中明确指出："幼儿教育是基础教育的重要组成部分，是我国学校教育和终身教育的奠基阶段。城乡各类幼儿园都应从实际出发，因地制宜地实施素质教育，为幼儿一生的发展打好基础。"

幼儿教育是基础教育、启蒙教育，幼儿园是孩子们走向社会的第一站。一个人最初的几年，决定和影响着其一生的发展，是其道德观念、行为习惯形成的关键期，而幼儿教师是这个时期对其产生影响的关键人物。

新的时代，赋予幼儿教师全新的使命，推动学前教育的高质量发展。

为此，我们编写了"新时代教育高质量发展幼教书系"。这套丛书共10册，立足于我国当前幼儿教育新形势，遵照党的二十大报告中提出的"加快建设高质量教育体系"，"强化学前教育、特殊教育普惠发展"的指导方向，并结合2018年《中共中央 国务院关于学前教育深化改革规范发展的若干意见》等有关幼儿教育的文件要求，由一批国内幼儿教育方面的专家策划完成。本丛书广泛吸收我国幼教专家的先进经验和实践成果，以科学性、指导性、实用性为原则，以解决教师实际问题、提高教师教学技能、促进教师专业发展为宗旨，为幼儿教师提供了掌握正确教学方法的科学途径。愿这套丛书能成为广大幼儿教师不断提高核心素养的良师益友。

目录

专题一

幼儿教师的职业理念与师德

　　幼儿教师的职业理念是幼儿教育事业发展的基石，对于一名卓越的幼儿教师来说，要具备良好的职业素质与身体条件，竭力为幼儿教育事业奉献自己的力量。"师德"是幼儿教师职业道德的简称，是幼儿教师从事教育、教学工作，以及处理各种关系与问题时应遵循的行为规范和道德准则，包括教师的理想信念、道德品质，对事业的态度和感情，有关行为习惯等。

主题1　职业理念与师德的基本构成

导语

　　幼儿教师的职业理念是指教育观、儿童观和教师观，是一种观念。幼儿教师的师德是指教师的职业行为，包括爱国守法、爱岗敬业、关爱学生、教书育人、为人师表、终身学习，是一种行为。

一、幼儿教师的职业理念

　　幼儿教师的职业理念主要是由教育观、儿童观和教师观三部分所组成的。其中教育观主要是指幼儿教师要有正确的教育理念；儿童观是指要促进幼儿全面发展，并坚持以育人为本；教师观是指要具备良好思想道德素质和教学理念。具体内容如下：

　　1. 教育观

　　教育观是指教师关于教育现象和问题的看法和根本观点。它左右教师的教学活动，影响人才培养质量。对幼儿教师来说，具体要求如下：

　　（1）以儿童为中心。幼儿教育应以儿童为中心，尊重儿童的发展规律和个体差异。幼儿教师可以通过自然、情趣、游戏等方式来促进儿童的自我发展。

　　（2）营造良好环境。幼儿教师强调营造积极、和谐、温馨的教育环境，为儿童提供安全、舒适的场所，激发儿童的学习动机和学习兴趣。

（3）多元教育。幼儿教育应该多元化，注重综合发展、启发式的教学方法，不仅仅是传授知识，更要培养儿童综合素质。幼儿教师应注重在教学过程中促进儿童对生活、环境、艺术的感知，鼓励儿童自主探究，重视对儿童创新能力的培养。

（4）合作教育。幼儿教育是一个集体活动，应该注重合作教育，建立家园合作的桥梁，让教育成为一种全员参与的事业。同样，在幼儿园中，幼儿教师也应该注重运用小组合作、互助成长等教学模式。

2. 儿童观

儿童观是幼儿教师对儿童的看法和态度。它涉及儿童的特点与能力、地位与权利、儿童期的意义、儿童成长发展的形式和成因等诸多问题。对幼儿教师来说，具体要求如下：

（1）尊重儿童。儿童是独立的个体，应该受到尊重和关注。幼儿教师应该听取儿童的想法和意见，了解他们的需求，并尊重他们的选择。

（2）爱护儿童。爱是教育的核心，需要建立起教师与儿童之间的亲密关系。幼儿教师应该满足儿童对关爱的需求，倾听他们的心声，向他们传递爱的能量。

（3）了解儿童。应该深入了解儿童的生活经验、认知水平和情感需求，以便为他们提供适当的支持和指导。幼儿教师应该密切关注儿童的成长发展，了解儿童的兴趣和爱好，为儿童提供多元化的学习机会。

3. 教师观

教师是一个神圣的职业，因此教师本身要有正确的教育原则，并且还要具备良好的职业素质，只有这样才可以胜任幼儿教育工作，从而具备教师的基本条件。一名卓越的教师应具有如下职业理念：

（1）踏踏实实的敬业精神和甘为人梯的奉献精神。

（2）勇于拼搏的创新精神和顾全大局的团队精神。

（3）革故鼎新的教育教学理念，广博的知识和合理的知识结构。

（4）扎实的基本功和扮演多种角色的能力。

（5）拥有能够激励儿童的教育方法和融洽的师生关系。

知识拓展

《幼儿园教师专业标准》的基本理念

为促进幼儿园教师专业发展，建设高素质幼儿园教师队伍，根据《中华人民共和国教师法》，教育部2012年颁布了《幼儿园教师专业标准（试行）》〔2012〕1号文件（以下简称《专业标准》）。

《专业标准》的基本理念主要包括"幼儿为本""师德为先""能力为重""终身学习"。这些理念既是整个《专业标准》一以贯之的具有导向性、统管性的基本思想和国家对合格幼儿园教师专业发展方向的宏观性指引，也是幼儿园教师理解并践行此标准、完成自身专业构建所必备的观念性基石。具体内容如下：

幼儿为本

尊重幼儿权益，以幼儿为主体，充分调动和发挥幼儿的主动性；遵循幼儿身心发展特点和保教活动规律，提供适合的教育，保障幼儿全面健康地快乐成长。

师德为先

热爱学前教育事业，具有职业理想，践行社会主义核心价值体系，履行教师职业道德规范，依法执教；关爱幼儿，尊重幼儿人格，富有爱心、责任心、耐心和细心；为人师表，教书育人，自尊自律，做幼儿健康成长的启蒙者和引路人。

能力为重

把学前教育理论与保教实践相结合，突出保教实践能力；研究幼儿，遵循幼儿成长规律，提升保教工作专业化水平；坚持实践、反思、再实践、再反思，不断提高专业能力。

终身学习

学习先进学前教育理论，了解国内外学前教育改革与发展的经验和做法；优化知识结构，提高文化素养；具有终身学习与持续发展的意识和能力，做终身学习的典范。

二、幼儿教师的师德

师德即教师的职业道德，是教师在长期的教育教学实践中形成的比较稳定的道德观念、行为规范和道德品质的综合体现，是教师的思想觉悟、道德品质和精神面貌的集中体现，也可以称之为教师的专业伦理规范。

1. 幼儿教师师德的含义和内容

（1）师德的含义

师德是教师的职业道德，是教师从事教育劳动时应遵循的行为规范和必备品德的总和。它是幼儿教师应当遵循的职业规矩，是幼儿教师应该具有的内在品性。

教师作为自然人要具备良好的道德，教师作为社会公民要具备良好的道德。

（2）师德的基本内容

教师职业的基本要求：爱国守法。

教师职业的本质要求：爱岗敬业。

师德的灵魂：关爱学生。

教师的天职：教书育人。

教师职业的内在要求：为人师表。

教师职业发展不竭的动力：终身学习。

2. 幼儿教师的人格与师德修养

幼儿教师的人格和师德修养是密不可分的。一个具有高尚人格的幼儿教师，必然具备良好的师德修养；而一个具有良好师德修养的幼儿教师，也必然具备高尚的人格。首先，幼儿教师高尚的人格是师德修养的基础。幼儿教师应该具备高尚的品德、道德和精神素质，如诚实守信、正直勇敢、谦虚谨慎、慈爱善良等。只有具备这些高尚的品质，才能够成为一名真正的好老师，才能够在教育教学中起到良好的示范作用，才能够赢得学生和家长的尊重和信任。其次，幼儿教师的师德修养是高尚人格的体现。幼儿教师应该具备良好的职业道德和职业操守，如尊重学生、关爱学生、严格要求自己、勤勉敬业等。只有具备这些良好的职业道德和职业操守，才能够在教育教学中做到公正、公平、公开，才能够真正做到以学生为本、以教育为先，才能够成为学生和家长信赖的好老师。因此，幼儿教师高尚的人格和师德修养是相互促进、相互依存的。只有在高尚的人格基础上，才能够做到良好的师德修养；而良好的师德修养又能够进一步提升幼儿教师的人格素质，使其更加高尚、更加优秀。

3. 幼儿教师高尚人格的塑造

俄国教育家乌申斯基认为："只有人格才能影响人格，只有性格才能形成性格。"理想的人格具有崇高的价值，具有强大的感召力、凝聚力和渗透力。教师的人格魅力是由其理想信念、学识水平、知识能力、个性情趣、品德修养等综合素质熔铸而成，是其吸引学生的主要源泉。

（1）教师要修其身，锻造高尚人格

为了使受教育者的人格健康发展，教师必须致力于塑造自己高尚的人格。要照亮别人，自己心里要先有阳光和火种。

首先，一个品德高尚的教师应该要有正确的人生观和价值观，有热爱教育、献身教育的精神，要不断提高个人责任感和社会责任感，要将自己的生命融于人类和民族的发展进程，不断磨炼意志。其次，教师要具有修身意识，正人者必先正己。教师要处处严于律己，要有言行一致的人格风范，教师要求学生做到的，自己首先要能够做到。以求真、至善、达美作为自己的行为准则，事事为人师表，做学生的良师益友。要以积极向上的处世态度、豁达乐观的胸怀、高尚的理想情操、崇高的敬业精神、坚强的意志品格、良好的心理素质去感染学生、教化学生，时刻意识到自己的言行对学生心灵的巨大影响。

（2）教师要加强科学文化修养，培养创造能力

教师要提升专业素养。专业素养和教学水平是一个教师在课堂上人格魅力的最直接呈现，也是影响学生素质的最直接因素。苏联教育家马卡连柯曾说过："学生可以原谅教师的严厉、刻板甚至吹毛求疵，但不能原谅他的不学无术。"如果教师不能完善地掌握自己的专业，就不能成为一个好教师。因此，教师要增强理论深度，学习教育学、心理学等教育理论，不断提高业务水平，树立终身学习的自觉性，要密切关注现代科学的发展变化，善于吸收和利用新知识拓宽教学内容，将

科学理论与教育实践结合起来，在实践中摸索、总结教育的规律与教育的艺术，提升人生品位。

（3）教师要真切地关爱学生，理解并尊重学生

爱学生，就要尊重信任学生，既要严格要求，又要保护学生的自尊心。帮助学生树立自尊、自信，教会学生自爱与爱人。

教师最有力的"武器"就是情感的渗透和激励，既做学生学业上的严师，又做他们生活中的益友，行动上接近学生，心理上贴近学生，教学上就有了更大的吸引力和说服力，使学生有心里话愿和你说，敢和你说，做好学生的"人生顾问"。如果教师成为了学生的对立面，产生了情感抵触，道理讲得再多，学生也可能是充耳不闻。因此，教师在课余时间应尽可能多地和学生接触，找学生聊一聊，和学生一块儿玩一玩，了解他们在学习上、生活上的困难，并给予其及时的指导和帮助。

尊重学生还应体现在公平对待学生上，教师待人接物要出于公心，对待权贵子弟不偏爱，对待贫寒学生能同情。这样，才能用无声的行动代替有声的命令，学生才会信服，在他们的心目中教师的形象才是可亲可敬的，教师的人格魅力才能激励学生。

（4）教师要突破传统教学模式，提高教学水平

传统教育把教师当作传授书本知识的工具，教师按照教学大纲、教学参考资料的要求备课，按照教材的内容照本宣科，毫无新意。新的教育要求冲破传统的教学模式，实现由被动向自主转变。教师应当根据自身对教材的理解和教学活动的特点使教学目标具体化，从而将抽象的教学目标落到实处。即教师对教学内容的准备和教学过程的实施，加进自己的主观改造，内化成自身的素质，并根据学生的基础和

差异灵活地进行处理，允许学生对已有的结论和标准答案提出质疑，从而在师生的相互思想碰撞中产生新的结论。

在课堂教学中，教师的魅力还体现在教师的语言表达能力上。语言准确生动、清楚明白、表达得体，学生愿意听并能产生共鸣，此时的语言就具有感染力和说服力。常可以看到这样的现象：同样是学富五车、满腹经纶的教师，有的在课堂上旁征博引、深入浅出、循循善诱，课堂气氛生动活泼，师生之间产生良好的互动；有的却言辞干瘪、词不达意，课堂气氛单调沉闷，学生"呆若木鸡"。因而，"学会说话"也成为教师塑造人格魅力的重要内容。

（5）教师要强化自身良好的心理素质

教师要保持积极乐观的心态，从容面对教育工作中的一切困难和挫折。教育工作是复杂的，对于每一位教师来说，不可能一帆风顺，难免会遇到挫折和失败，这就需要具备成熟的理智感、正确的挫折观、积极的自我暗示、良好的情绪调控能力，以及合理的情绪排解方式，一个情绪不稳定的教师容易扰乱学生的情绪。教师只有通过控制和掌握学生的情绪、情感，才能为成功的教育创造健康的环境。

知识拓展

新时代幼儿园教师职业行为十项准则

2018年11月，教育部印发《新时代幼儿园教师职业行为十项准则》，具体内容如下：

教师是人类灵魂的工程师，是人类文明的传承者。长期以来，广大教师贯彻党的教育方针，教书育人，呕心沥血，默默奉献，为国家发展和民族振兴作出了重大贡献。新时代对广大教师落实立德树人根本任务提出新的更高要求，为进一步增强教师的责任感、使命感、荣誉感，规范职业行为，明确师德底线，引导广大教师努力成为有理想信念、有道德情操、有扎实学识、有仁爱之心的好老师，着力培养德智体美劳全面发展的社会主义建设者和接班人，特制定以下准则。

一、坚定政治方向。坚持以习近平新时代中国特色社会主义思想为指导，拥护中国共产党的领导，贯彻党的教育方针；不得在保教活动中及其他场合有损害党中央权威和违背党的路线方针政策的言行。

二、自觉爱国守法。忠于祖国，忠于人民，恪守宪法原则，遵守法律法规，依法履行教师职责；不得损害国家利益、社会公共利益，或违背社会公序良俗。

三、传播优秀文化。带头践行社会主义核心价值观，弘扬真善美，传递正能量；不得通过保教活动、论坛、讲座、信息网络及其他渠道发表、转发错误观点，或编造散布虚假信息、不良信息。

四、潜心培幼育人。落实立德树人根本任务，爱岗敬业，细致耐心；不得在工作期间玩忽职守、消极怠工，或空岗、未经批准找人替班，不得利用职务之便兼职兼薪。

五、加强安全防范。增强安全意识，加强安全教育，保护幼儿安全，防范事故风险；不得在保教活动中遇突发事件、面临危险时，不顾幼儿安危，擅离职守，自行逃离。

六、关心爱护幼儿。呵护幼儿健康，保障快乐成长；不得体罚和变相体罚幼儿，不得歧视、侮辱幼儿，严禁猥亵、虐待、伤害幼儿。

七、遵循幼教规律。循序渐进，寓教于乐；不得采用学校教育方式提前教授小学内容，不得组织有碍幼儿身心健康的活动。

八、秉持公平诚信。坚持原则，处事公道，光明磊落，为人正直；不得在入园招生、绩效考核、岗位聘用、职称评聘、评优评奖等工作中徇私舞弊、弄虚作假。

九、坚守廉洁自律。严于律己，清廉从教；不得索要、收受幼儿家长财物或参加由家长付费的宴请、旅游、娱乐休闲等活动，不得推销幼儿读物、社会保险或利用家长资源谋取私利。

十、规范保教行为。尊重幼儿权益，抵制不良风气；不得组织幼儿参加以营利为目的的表演、竞赛等活动，或泄露幼儿与家长的信息。

三、幼儿教师专业发展

幼儿教师专业发展是指幼儿教师专业化程度和专业素质提升，是幼儿教师在专业化教学过程中其内在结构不断更新、演进和完善的过程。它是幼儿教师职业生涯的必经之路，也是教育教学质量不断提升的重要保障。20世纪90年代以来，教师的专业发展成了教师专业化的方向和主题。教师专业化、专业发展及其成熟度是教师专业获得社会认可和提高职业声望的基础。提升教师的专业化水平、促进教师的专业发展成为世界各国教育改革的热点问题。

1. 幼儿教师专业发展的内涵

幼儿教师在其教学专业生涯中，通过学习懂得幼儿教育的专门知识与技能，逐渐转化成为幼儿教育的专业规范，从而形成一种幼儿教育的专业精神和专业自主性，并实现专业教学的责任性。

教师专业发展注重强调教师专业知识、专业技能的获取以及教师生命质量的成长。也就是说幼儿教师这个职业群体符合专业标准的程度，即职业专业化的过程。

《中华人民共和国教师法》规定："教师是履行教育教学职责的专业人员。"首次从法律上确认了教师的专业地位。

第45届国际教育大会提出：专业化是一种改善教师地位和工作条件的策略。教师不仅是一种行业，更是一种专业，具有像医生、律师一样的专业不可替代性。

2. 幼儿教师专业成长的几个阶段

幼儿教师的专业成长通常要经过四年的磨炼性挑战和四个基本发展阶段。

四个基本发展阶段：为本专业生涯的生存而适应的阶段；具备了适应本专业能力的阶段；开始厌倦与儿童一起做同样事情的阶段；本专业的相对成熟阶段。

这四个阶段在幼儿教师工作的不同年限中分别表现出不同的行为倾向和工作特征。

第一阶段，为本专业生涯的生存而适应的阶段。教师对本人所从事专业的生存性适应阶段。该阶段的教师经常问自己这样一些问题："这周我能完成这项任务吗？""我真的能日复一日地做这项工作吗？""我能被我的同事所接受吗？"这些问题表明工作的第一年对教师来说是一个极具挑战性的时期，它意味着对一名新教师来说在一个新天地急切盼望成功。与此同时面对复杂的工作环境和教学情形，教师个人的矛盾心理不断产生，困惑也随之产生。对此，幼儿教师要有清醒的认识。因为这不但对幼儿园的教育与管理工作具有重大的意义，而且对自身将来的专业成长与发展也有着重大的价值。一般来说，新教师对自己所开始从事的这项职业，怀有很高的热情和期盼，这种良好的动机对于他们今后所要接触的儿童生活、成为一名成功的教师均会产生积极的影响。但是，现实毕竟是现实，它不能替代美好的理想与热情。正如一个教育专家所言："在今后的历程中，经验将会告诉你哪些要放弃，哪些要修正，哪些是你前进的指向标。"因此，从工作一开始，每一位教师都要做好迎接艰苦磨炼与挑战的思想准备，一步一步地培养起自己的耐心、毅力和坚韧的个性品质。同时，幼儿园的管理者要多了解新教师的心理需求，对新教师给予物质和精神上的支持、理解与鼓励，并在工作中加以适当的针对性指导。

第二阶段，具备了适应本专业能力的阶段。由于经过了第一年的艰苦磨炼，大多数教师已具备了适应本专业的基本能力，开始关注提出问题的个体儿童和教育教学中一些令人感到麻烦的情形。该阶段的教师常常会问自己这样一些问题："我如何帮助一个腼腆的儿童？""我如何帮助一个看上去不爱学习的儿童？"这时，教师的教育能力已从原来形式的层面开始转入到与教育及儿童发展切实相关的一些具体问题上。

第三阶段（对应第三、四年开始厌倦与儿童一起做同样事情的阶段），该阶段的教师已开始不愿与儿童一起做事情，而喜欢与同事聊天，交流，看杂志，或通过各种途径搜索其他信息，并开始关注本专业领域的一些新的发展。比如，"哪方面的研究（课题）谁在做？在哪里做？""他们有哪些新的材料、技术、方法和观点？"这时，教师的专业成长已开始进入理论的层面。

第四阶段，该阶段是教师专业成长的相对成熟时期。在该时期，教师已具有了足够的教育教学经验，并能够提出一些较深刻的、抽象的、要求反省和探索性的问题。比如，"我的教育信条的历史和哲学基础是什么？""儿童成长与学习的本质是什么？如何做教育决策？"这时，教师的专业已开始升华到教育的精神层面，对于"教育"有了相对成熟的理解。

然而，上述四个阶段的变化对每一位教师而言并不具有普遍性，且四个阶段的完成也并不意味着教师专业成长的终结，它只是从一般意义上作了共性和概括的描述。现实中，一位幼儿教师的专业成长是一个极其复杂的，具有个体性、持续性的过程，这个过程是外在的社会因素，通过教师自身内部不断完善、更新、探索与发展的良好动机而不断向前延续和拓展的，并伴随教师整个的教育职业生涯。因此，一旦教师开始了自己专业生涯的第一步，就应该将其与你当初的梦想一同进行下去。个人的勤奋努力对于促进你的专业成长与发展是十分重要的。首先，在今天这个信息型的社会里，只有不断地尝试各种新的想法，敢于冒风险，敢于向困难挑战而不贪图安逸，你才能成为一名优秀的专业教师。当然这种冒险不是盲目和狂妄的，它要求教师具有坚实而深厚的知识和技能基础、坚毅的自信心和积极的自我价值感。其次，在教学中，你要努力使自己成为一个反思型的实践者，并使这种思考成为你生活中的一种习惯，经常有意识地对自己的教学行为、实践活动以及教学的有效性进行回顾、重建和重现，对自己的行为表现和儿童的行为表现能用事实进行批判性地分析与解释，或者坚持每天写工作日记，就个人参与儿童成长活动当中的所见所想、一些儿童发展中的问题，尝试做些观察研究。这些反思，不仅是优质教学、理论批判与发展的需要，而且对幼儿教师在进行社会比较时，平衡自己的心态，激发"热爱儿童"这份深厚的教育情感，坚定个人的专业信念，也是十分必要的。

知识拓展

幼儿教师个人专业发展计划

作为一名新幼儿教师，我深深地感到，必须以创新精神为出发点，积极完善自身的综合文化素养，尽快形成自己的教学特色，来适应时代的需求和幼儿的需求，成为一名新时代的好教师。

为了更好地工作，在学习和工作中得到成长，特此制订教师自我成长计划，并在计划实施中不断地修正自己、完善自己，提升作为一名教师应具有的素质。

一、个人基本情况介绍

本人今年25岁，大学毕业后踏上工作岗位已整整两年了，这两年来在园领导的带领下，在各位教师的帮助和指导下，努力完成教学任务，并在教学中不断地创新，取得了一定的进步。工作两年中我先后带教大班和小班，积累了一定的工作经验。

二、现状分析

1．优势

（1）两年的教学工作经验，让我对幼儿教育有了一定的经验和心得，让我在面对幼儿时少了一份刚进入工作岗位时的不安和无措。

（2）通过两年的教学工作，在不断地与家长接触过程中，在与家长沟通方面积累了一定的经验，并且我与班上家长的关系比较融洽，家长也能积极配合我的工作。

（3）具有好学精神，乐于接受新事物，敢于接受教学新理念。

2．不足

（1）我是一名新手，仅有两年的工作经历，只教过小班和大班的幼儿，缺少对中班年龄幼儿的管理和教学经验。

（2）在本科四年的学习中，虽然我学过一些舞蹈、乐器、手工制作等知识，但是从特长的角度来看，我的艺术活动能力较弱。随着教学工作的不断开展和深入，从给予幼儿情趣的培养来看，我应当加强基本功的训练，特别是弹奏、绘画、手工制作等教学技能与技巧的提升。

三、个人未来一年发展总目标

1．第一学期发展目标

（1）迅速提高自己对中班幼儿的管理和教学能力。

（2）积极提升自己的专业素质，认真学习、钻研业务，快速了解、掌握中班幼儿的年龄特征和发展特点。

（3）继续加强家长工作的开展，做到与家长适时、有效地沟通。

2．第一学期具体措施

（1）多向具有教学经验的教师学习，重视榜样借鉴、内化自我，争取快速提升自己对中班年龄幼儿的管理和教学能力。

（2）自从幼儿园网站建立以来，我与家长们的关系得到进一步推进，本学期将继续努力。除了及时关注论坛之外，还要加快家园联系窗内容的更换频率，为家长提供更优质的服务。除此之外，我还要做到每周向家长反馈幼儿在园的情况，经常了解家长的需求，努力做得更好，成为家长心目中的好教师。

（3）积极主动地关注国内外幼儿教育信息和专业理论，并通过幼教刊物、多媒体技术、观摩示范课、听讲座等多种途径，汲取教育学科的新知识、新技能。

3. 第二学期发展目标

（1）在本学期里提升自身综合文化素养，努力在业务上不断地创新，积极独立钻研，致力于成为一名科研型教师。

（2）力争提升自身的教育技能与技巧，例如，手工制作、绘画、弹奏乐器等。

4. 第二学期具体措施

（1）努力提升教学和科研能力。进行有关如何提问以及对幼儿给予的信息如何适时有效反馈的思考实践。主动参加教研活动和专业学习培训，更进一步探索适合本班的教育内容和教育方法。

（2）幼儿教师只有良好的思想品行和职业道德是不够的。我们还要苦练各种技能技巧，提高自己的综合素质。如，通过教育教学观摩、教师技能技巧的评比和教案评比来提高自己的教学水平。

（3）积极利用空闲时间学习绘画、手工制作和弹奏乐器的技巧，多阅读一些专业书籍，短时间内让自己在这几个方面的能力有所提升。

以上是我的专业发展计划，希望在园领导的帮助和培养下，通过自身的努力，有所收获，有所成长。

主题2　对职业的理解与认识

导语

　　著名的教育家陶行知先生曾说过："学高为师，德高为范。"对一名幼儿教师来说，不仅要具有广博的知识，更要有高尚的道德。幼儿正处于人生的起步阶段，幼儿教师对其影响不仅是一时的，更是一生的。《幼儿教师职业道德规范》的内容有四条，即爱国守法、爱岗敬业、专业认同、为人师表。这四条规范是每一个教师义不容辞的责任，也是规范教师育人行为、提高教师职业道德修养的具体表现。

一、爱国守法

　　爱国守法是师德修养的重要基石。热爱国家体现了一个人对自己国家的深厚感情，我们要做爱国守法的模范，用我们的言行去教育和熏陶下一代，让他们从小树立爱国守法的意识，为将来成为祖国的栋梁之材打下牢固的基础。

1. 爱国主义情怀的重要意义

　　爱国主义是中华民族的核心精神所在，是实现中华民族伟大复兴的动力源泉。作为中华民族的一分子，我们应当将爱国主义根植于我们心底最深处。教师是人类灵魂的工程师，不仅担负着教书育人的职责，还担负着为国育才的重要责任。对幼儿教师来说，为国家和人民培养未来的希望，让幼儿走好迈向未来的第一步，同样责任重大。在新时代背景下，要培养幼儿的爱国主义情怀，首先需要教师具有爱国主义情怀。那如何做一名具有爱国主义情怀的幼儿教师，进而培养从小根植爱国主义情怀的幼儿，是我们需要思考的问题。

2. 幼儿教师怎样厚植爱国主义情怀

（1）认清自我站位，提升思想水平

幼儿教师首先要做的并不是培养幼儿的爱国主义情怀，而是培养自身的爱国主义情怀。通过学习了解国家的发展史，充分理解我国繁荣强大的不易，聆听革命先辈讲述红色革命故事，激发自身的爱国主义热情，增强自身的爱国主义情怀，主动践行社会主义核心价值观，积极学习习近平总书记的重要思想及重要讲话精神，提高自身思想水平，通过增强自身的爱国主义情怀来培养幼儿的爱国主义情感。与此同时，在新时代教育背景下注重学习，让自己从拥有一桶水变为一股源源不断的清泉，学习高尚的道德理念和先进的教育理念，提升价值观、情感观及自我能力水平，为成为厚植浓厚爱国主义情怀的幼儿教师而不断努力，从而更好地培养幼儿的爱国主义情怀。

（2）将爱国主义情怀融入自己的教学工作中

培养幼儿爱国主义情怀，是在符合学龄前幼儿生理心理特点的基础上进行的，并根据教育方式、教学材料、教育契机的不同，对幼儿进行爱国主义教育，用利于幼儿理解的方式对其进行培养。例如，让幼儿阅读爱国主义绘本，了解家乡的历史、传统节日、优秀传统文化的主题活动，以及历史人物故事、爱国人物故事的情境表演等方式，让幼儿在理解的过程中萌发自己的爱国主义情怀。

通过每周一次的升旗仪式，当小小护旗手，面对国旗庄严肃立，进行国旗下讲演，加强幼儿对国旗的敬仰，从而激发对祖国的热爱。

在幼儿学习和生活的环境中潜移默化地创设环境，有意识地对幼儿进行渗透式的、连续式的爱国主义教育，譬如为幼儿准备中国传统戏曲、中国地图等游戏材料，在布置墙面时为幼儿展示中国的大好河山、名胜古迹、家乡特色等，在了解和认识祖国的基础上培养幼儿的爱国主义情怀。

总之，培养爱国主义情怀，是当代每一个中国人都应不断努力的事情。新时代背景下要求幼儿教师不断更新教育理念，不论是幼儿教师还是幼儿，都要培养爱国主义情怀。幼儿教师应不断致力于培养自身的爱国主义情怀，对国家来说是传承，对幼儿来说是传递，对自身来说是自我道德意识、素质能力的全面提升。

知识拓展

幼儿教师爱国守法的心得

在这次活动中，我们学习了《中华人民共和国宪法》《中华人民共和国教育法》《中华人民共和国义务教育法》《中华人民共和国职业教育法》《中华人民共和国教师法》《中华人民共和国未成年人保护法》《中小学幼儿园安全管理办法》等法律法规。通过学习，使学校教师进一步提高了自己的法律意识，增强了师生的法治观念和法律素质。我在学习中也受益匪浅、感触颇多，下面就个人学习所得谈几点体会：

1. 教师要爱国。"伟大的人生目标往往产生于对祖国深厚的爱，一个人对祖国爱得越深，社会责任感越强烈，人生目标就越明确，人生信念越坚定。"有了爱国的精神、热情，就会矢志不移地去克服工作中的一切困难，把平凡的、重复的工作做得富有激情。

2．教师要守法。教师要有较强的法纪观念。教师的法纪观念如何，不仅反映着自己是个什么样的人，而且直接影响着培养的下一代会是什么样的人。

教师的教育教学活动，要用相关的法律法规来指导自己的教育教学实践。我们教师是教育过程中的主导力量，更应学法、知法、守法、用法，不断提高自己的综合素质，不断增强依法执教的意识，并把学法、知法、守法、用法的意识贯彻到自己的实际生活与教育教学工作中。

3．教师要富有爱心，多换位思考。对教师而言，爱国最终体现在爱幼儿上，依法执教本质也是对教师爱幼儿在法律层面上的规范。如果教师能本着爱心来教育，在具体工作中能多换位思考，也许就不会出现"罚吃苍蝇"等荒唐的体罚事件，取而代之的都是研究教育理论、提高教育能力的优秀事例了。

4．教书育人、为人师表、终身学习是师德师风建设的重点内容。教书育人强调的是职责中教书的一面，而为人师表则对教师提出了更高的人格上的要求。

教师职业最大的特点是培养塑造下一代，因此在教育教学过程中教师应重视自身的道德形象，重视教师职业的品德修养和个性魅力，要严格要求自己，做到以德服人，以身立教，在平凡的工作中要安贫乐教，甘于奉献，为幼儿树立起楷模。

5．教师要爱岗敬业，关爱幼儿。在教育教学过程中，教师要自觉遵守法律法规，严格执行师德师风规范要求，有高度的事业心、责任心。坚持做到关心尊重每一个幼儿，用教师的爱心去化解幼儿的逆反心理，最大限度地激发幼儿学习的主观能动性。在平时的教育教学中，教师要自觉关爱幼儿、维护幼儿的合法权利，不歧视幼儿，更不体罚或变相体罚幼儿，做幼儿的良师益友，使幼儿在幼儿园这个大家庭中健康、快乐地成长。

二、爱岗敬业

爱岗敬业是幼儿教师处理好个人与职业关系的基本准则，是所有幼儿教师职业道德的前提和基础。宋朝理学家朱熹认为"敬业者，专心致志以事其业"。幼儿教师的敬业精神是幼儿教师创业、爱业、勤业、乐业、精业的基本品质。

1. 爱岗敬业的基本内容

爱岗敬业可归纳为三个层面上的内容。

（1）在情感上热爱自己所从事的职业。对自己所从事的幼教事业，从情感上去接纳，甚至是一种挚爱；对从事幼教活动的场所有一种切割不断的情结，能将自己的情感世界与学校的兴衰、幼教的兴衰联系在一起，为幼教事业之忧而忧，为幼教事业之乐而乐。以校园为家，将幼儿当作朋友、亲人。此种情感是爱岗敬业的动力源泉。此种情感是发自内心的，是永久的，不会因条件的优劣或者幼教职业待遇的高低产生波动。幼儿教师只有对自己所从事的幼教事业充满热爱，才能敬爱自己的幼教事业，并为之感到自豪；热爱自己的本职工作，才能以敬重之心履行自己的职责，才能对待幼儿、对待幼教事业专心致志、严肃认真。

（2）在理念上教书育人。幼儿教师对职业的爱建立在了解幼教教学规律、教学方法的前提下，否则这种爱就会没有目标和方向。幼儿教师爱岗敬业体现在既要培养幼儿具有符合社会要求、适应时代发展的综合素质，又要开发幼儿潜能，让幼儿的个性得到发展。幼儿教师爱岗敬业不仅仅表现在关注幼儿的学习，千方百计提高幼儿的学习成绩上，更要表现在注重培养幼儿具有良好的思想品德上，表现在教学活动的教育性上，表现在关心幼儿的内心世界上。幼儿教师爱岗敬业不仅要教会幼儿做事，还要教会幼儿做人，要培养幼儿形成做事、做人应具备的良好品德。

（3）在态度上认真负责。幼儿教师对工作、对幼儿的态度是教师爱岗敬业的直接体现。幼儿教师工作的对象是幼儿不是物，容不得半点疏忽。教育的影响触及心灵，容不得丝毫大意。教育过程中的任何轻率、差错和随意都会给幼儿造成不良影响，因此幼儿教师的职业态度除"认真"二字外，别无选择。幼儿教师在工作上要认真落实教学常规，绝不敷衍了事；在具体行动上，要科学规范、遵规守纪、严以律己、为人师表。在幼儿面前，幼儿教师应随时注意树立自己的职业形象。

2. 爱岗敬业的基本形式

爱岗敬业通常分为乐业、敬业、勤业、精业等不同形式。乐业是建立在幼儿教师对自己所从事的幼教事业的积极态度、浓厚兴趣和深深热爱的情感基础上的。乐业的幼儿教师对教育工作、对幼儿都由衷地喜爱，不计较待遇多少、地位高低，工作再苦再累也是享受。他们为幼儿的每一点儿进步而兴奋，这属于情感型的爱岗者。敬业是幼儿教师对幼教事业在理智思考的基础上形成的积极态度。敬业型的幼儿教师出于对幼教事业的性质、社会意义以及个人发展意义的认识，树立起自己的世界观、人生观、价值观，以认真、一丝不苟、作风严谨作为自己的工作准则，这属于理智型的爱岗者。勤业体现了幼儿教师对幼教工作的根本态度和履职程度，勤业的幼儿教师总是勤勤恳恳、埋头苦干，尽职尽责地做好本职工作，这属于态度型的爱岗者。精业是幼儿教师有扎实的教学基本功，并不断钻研，具有创造精神和创造能力，这属于创造型的爱岗者。

3. 爱岗敬业的几种水平

师德的基本水平：勤勤恳恳、认认真真。

师德的优秀水平："衣带渐宽终不悔，为伊消得人憔悴。"这样的幼儿教师具有较高的师德水平。

师德的楷模水平："春蚕到死丝方尽，蜡炬成灰泪始干。"这是幼儿教师师德的极高境界。他们全身心地投入教书育人事业，呕心沥血、乐此不疲，将桃李满天下当作自己的人生目标，以培养卓越人才为己任，忠于职守、无私奉献、为人师表、以身作则、严于律己、锐意改革、成绩卓越是他们师德境界的真实写照。有这样师德的幼儿教师人数虽不多，但在幼儿教师群体中影响较大、感召力较强，能起到模范带头作用。

总之，爱岗敬业体现着幼儿教师积极向上的人生追求。兢兢业业做好本职工作，是每一位幼儿教师应有的人生态度，也是我们要求和教育学生努力学习的基础。

知识拓展

幼儿园教师的工作职责

1. 热爱幼教事业，遵守教师的职业道德，严格遵守幼儿园各项规章制度。

2. 仪表整洁，穿着打扮要符合教育者的身份，注意为幼儿营造安全、温馨、丰富的精神和物质环境，师生关系融洽。

3. 树立正确的教育观、儿童观，尊重、理解每一位幼儿，和其他教师一起共同促进每名幼儿的个性发展。

4. 认真贯彻《规章》《纲要》精神，认真落实每学期幼儿园和班级保教工作计划。

5. 在班主任的指导下，根据班级工作计划及每周安排配合其他教师组织教育活动。

6. 协助班主任教师做好教育教学工作，工作时要积极主动，态度要谦虚谨慎，做好幼儿的下午活动。

7. 协助保育员做好班级财产、幼儿的物品和教具的管理。

8. 承担一定的教育教学工作，在活动中细致观察，了解、尊重幼儿的兴趣和需要。能给予幼儿指导和帮助，并做好家长工作。

三、专业认同

专业认同感是个人表现出来的对所从事专业的认可情感，具有专业认同感的人会坚信自己所从事的事业有价值和意义，并能从中找到乐趣。幼儿教师对专业的认同感将决定其对幼教事业的热爱和忠诚程度。它是幼儿教师专业发展的一个重要保障，是幼儿教师坚定从事幼教事业的动机和力量源泉。

1. 专业认同对幼儿教师专业发展的意义

专业认同是幼儿教师努力做好本职工作、达成教育教学目标的心理基础，也是幼儿教师作为专业人员明确自己角色的前提条件，幼儿教师的积极情感认同对自身幼教专业成长有着极其重要的作用。

（1）专业认同是幼儿教师专业成长的内在基础。幼儿教师的教育教学工作既是传递文化、传承文明的过程，又是培育新人的过程。幼儿教师只有看清了自己的角色，给自己找准了基点，在学校接受幼儿师范教育，成为新手的教师，再在教育实践活动中不断获得经验，并对经验不合适之处加以补充与修改，从而在心理上获得更大的动力形成专业认同感，才能促进自己的专业发展。实践证明，专业认同感是幼儿教师专业发展关键的内在驱动力。

（2）专业认同是影响幼儿教师专业发展的重要因素。影响幼儿教师专业发展的因素有许多，早期专业发展主要采取制定严格的专业规范、提升幼儿教师职业资格的条件等做法来提高幼儿教师的专业化水平，这是一种被动性的专业发展。这些方法将幼儿教师当作简单的受驱动者，忽略了幼儿教师的内在需求和意愿，所以效果不太理想。

相关专家研究表明，专业认同不仅是幼儿教师应对教育变化、制度变化和教育变更的基础，还有利于同事之间进行合作交流。积极的认同感还有助于幼儿教师们克服对恶劣工作环境的不满，降低幼儿教师的离职倾向。

面对变动不断、纷繁复杂的教育教学领域，不论是刚从业的幼儿教师还是有丰富经验的幼儿教师，均需要不断地构建自己的专业认同，以此来不断地调整自我对外部环境（如课程、学生、同事等因素）的感知和理解，并采取积极、有效的措施。幼儿教师只有在教育教学实践的活动中渐渐形成一定的专业认同，才能较好地整合新课程改革所赋予的多种角色，才能积极地对待自我和感知、理解所处的环境，才能在自己的位置上构建起一定的满足感、价值感和自豪感。

（3）专业认同是幼儿教师有效开展专业实践的重要保障。事实和经验证明，幼儿教师只有认同自己作为一位专业幼儿教师的身份，才能真正清楚自己的专业发展方向，不会因不断变动的课程改革方案而无所适从。这样的幼儿教师才能真正地拥有专业发展的自主性，才能清楚地认识自己、感知自己和理解自己。从而定位自己在课程改革中的位置并积极主动地投入到改革的实践活动中去。

2. 幼儿教师专业认同的形成与发展策略

（1）激发自己的专业认同意识。幼儿教师对专业认同的意识表现为一个强烈的重要的自我意识，是幼儿教师对自身行为进行的深入反思。幼儿教师专业认同意识成熟的一个重要标志在于对自身专业身份的自明性，即幼儿教师通过专业认同意识的觉醒，可以正确地对待自己在教育教学实践中的身份，并能根据理性的批判反思，不断加以调整与建构。除了通过培训激发自己内心的意愿，激发自己对专业认同的自觉意识也是一个重要内容。

（2）培养自己的专业认同情感。幼儿教师要把情感投入到日常教学中去，要把自己的感知与专业认同融入课堂教学中，并从中取得满足感这一精神回报。对专业认同的情感主要指幼儿教师在教学实践过程中渐渐形成专业认同时所伴随产生的情绪体验和内心感受。通常而言，幼儿教师拥有积极的专业认同情感，就会对自己从事的幼教工作持有正确、客观的态度，能积极应对工作中的困难和问题，从自己的工作中体验到较高的归属感和成就感，执着地追求教育理想，自觉自愿地投入到工作中，充分发挥自身的能动性和创造性，并从中获得精神满足。

（3）落实到自己的行动中去。幼儿教师对专业的认同不是简单的发生和存在，需要我们在教学活动的实践过程中去获得，通过师生的双向互动，从而加强自己的专业认同感。幼儿教师对专业的认同需要在教学实践中渐渐形成，与此同时还需要回到实践中加以修正和完善。

知识拓展

幼儿教师专业认同心得体会

"书山有路，学海无涯"，生活里没有书籍，就好比没有阳光。作为一名幼儿教师，不但要提升自己的专业认同感，还要学会多读书、读好书。今年暑期，园领导组织一批成员共读书籍《聚焦幼儿教师专业发展：从优秀到卓越》，这是一次提升自己专业能力的学习机会。在阅读中，使我更深层次地认识到了提高专业素养的重要性。

在工作中，我们每个人都希望获得成功，但成功的过程并非一帆风顺，正因如此，我们需要不断地努力以达到目标。我们每个人都应当学会在逆境中成长，学会改变自己，既然选择了幼教事业，就要深刻地认识到幼教的意义与作用。思想决定行为，因此我们必须从思想上突破自己，从态度上改变自己。自身的态度决定了一个人的人生出发点是否正确，这也就好比为一座高楼筑基。因此思想态度的改变对提高自身专业素养而言便显得十分重要。

在教学中，我们经常培养幼儿的兴趣，其实它也适用于做教师的我们，尝试用热爱工作给自己带来自信和魅力。幼儿教师是平凡的，能够一如既往地热爱幼教这个事业是很伟大的，这种对工作长久的热情就是一个卓越教师的伟大之处。《幼儿教师职业道德规范》告诉我们：要有梦想，就必须有担当；既然做出选择，就必须有担当；一旦做出决定，就必须有担当。

事业心是幼儿教师从事幼教工作的强大推动力。只有具有强烈的事业心、责任心，用正确的心态迎接新的挑战，时刻铭记幼儿教师的职业素养，幼儿教师才能从优秀到卓越。

四、为人师表

为人师表是作为一名幼儿教师应当具备的基本品质，特别对幼儿来说，教师的言行举止会对幼儿产生潜移默化的影响，能促成其将来的行为习惯及思想品德。所以，作为一名幼儿教师应加强自身的师表及师德修养，不断地规范自身的行为，为幼儿树立好榜样。

古语说："师者，传道授业解惑也。"作为教师，除了教给学生文化知识，还要对学生良好的道德品行及高尚情操进行引导、养成，这是一个不可忽视的重要环节，对社会稳定和发展具有不可替代的作用。

近几年来，我国教育领域大举推崇师表文化，重视构建一批有理想信念、有道德情操、有扎实知识、有仁爱之心的"四有"教师队伍，通过言传身教、耳濡目染的方式从根本上影响学生的"三观"认知及道德品行。在教育行业里，幼儿教师所教育的对象是幼儿。这是一个特殊的群体，这些幼儿懵懂无知、是非难辨、行为情绪难控，他们既不像小学生一样可以只通过教师的引导语言就能理解其中所涵盖的是非道理，也不像中学生一样掌握了一定的逻辑思维和自学能力，更不像大学生一样已经拥有了一套自己的判断标准和道德准则。他们学习的主要途径就是模仿，所以，幼儿教师的言行举止时时刻刻影响着他们，改变着他们，也潜移默化地促成着他们未来的行为习惯和思想道德。

苏联教育家马卡连柯曾对幼儿的家长们说道："你们自身的行为是在教育上有着决定意义的。不要以为只有你们和幼儿交谈时，或者教导幼儿、吩咐幼儿时，才执行教育幼儿的工作。你们生活的每一个瞬间都教育着幼儿，你们怎样穿衣服，怎样与别人交谈，怎样谈论别人，你们怎样表示欢乐和痛苦，怎样对待朋友和敌人，怎样笑，怎样读报……这一切，对幼儿均有巨大的意义。你们的神色发生微小的变化，幼儿都能看得到和感觉到。你们思想上的所有变化，无形之中均会影响到幼儿。"善于模仿是幼儿的天性，而"跟着我做"也是我们工作中常用的语言，就像向日葵这种植物一样，具有极强的向阳性。

幼儿园的孩子们由于天生爱模仿而具有很强的"向师性"。所以，如果我们将幼儿们看成是一朵朵的向日葵，我们的幼儿教师就像照耀着他们的那一轮太阳。

总之，作为幼儿教师应当认清社会主义核心价值观，调整自己的价值观，客观地看待自己的工作，提高对幼教行业的认可度，才能克服困难，真心投入，才能真正做到"立身为教，为人师表"。

知识拓展

幼儿教师如何做到为人师表

幼儿教师是幼儿园孩子的第一任老师，也是幼儿模仿、仰慕的对象，因此幼儿教师自身的日常态度和言行，将对幼儿的成长与发展带来重要的影响。那么幼儿教师应该如何做到为人师表呢？

1. 态度和蔼，情绪饱满

在表情和态度上，幼儿教师要和蔼亲切、宽厚善良、情绪饱满、豁达大度、有亲和力，既不能声色俱厉、严厉刻薄，也不能愁眉不展、神情忧伤。其中幼儿教师的微笑在教育教学中是最美的体态语言，是一种重要的教育力量。教师微笑着面对幼儿，能够给幼儿创设一种轻松的师生交往环境，能够让幼儿感受到教师的关心、理解和激励。教师要笑得自然，笑得真诚，同时要注意声情并茂，表现和谐。这能够促使幼儿也学会用心、用行动去美化周围的世界。

2. 仪表端庄，言行得体

（1）仪表端庄。教师的仪容仪表最直接地反映了教师的审美情趣和道德面貌，对学生有着重要的审美价值和道德意义。幼儿教师的服饰要符合教师的职业形象，着衣要大方，不穿露肩以及其他不适合教育活动的服装；上课时不穿高跟鞋，不戴首饰，不披长发，不浓妆艳抹。只有如此，幼儿教师才能树立自己的完美形象，给幼儿一种无形的教育。

（2）言行得体。语言是教师传道、授业、解惑的重要工具。因此，教师要提高自己的语言修养，掌握语言技能，为幼儿树立一个好榜样。幼儿教师要使用符合幼儿年龄特点的语言进行保教工作。幼儿教师的语言应当规范、生动、文明、亲切自然；该讲普通话时，不讲方言；精确清晰，合乎逻辑，言简意赅；有美感，语调抑扬顿挫，轻声悦耳，流畅自然，速度适中；对幼儿使用正面语言，不要当面批评幼儿，不训斥幼儿。公共场合不大声喧哗嬉笑；不随便打断他人的讲话；与他人通电话时，应压低声音交谈；开门、关门及进行其他活动的声音要轻；在餐厅进餐时，不要口含食物交谈；不能用尖酸刻薄的话语伤害幼儿；等等。

3. 行为举止要规范

幼儿教师的行为举止要规范。具体这样做：

走姿、坐姿及站姿优雅得体；行走时不要耸肩，不要驼背，不东张西望；在教学场合，不翘二郎腿，手不叉腰、不环抱、不插兜等；接待时，热情迎接幼儿，主动向幼儿和家长问好，接收幼儿衣物等要妥善安置；照顾幼儿时，动作要轻柔、细心；与幼儿交谈时，视线、身体姿态与幼儿持平（蹲下身、弯下腰）；向幼儿提问时，不用手指点幼儿；带班期间不当幼儿面进餐或吃零食；在教学时间里不闲逛、不办私事，不做与工作无关的事情；幼儿户外活动时不聊天；等等。

主题3　对幼儿的态度与行为

导语

　　《幼儿园教师专业标准》是我国对幼儿教师专业素质的基本要求，是幼儿教师开展保教活动的基本标准，是领航幼儿教师专业发展的基本规则。其中正确地树立对幼儿的态度与行为，是《幼儿园教师专业标准》中明确提出的一条重要内容。关爱幼儿、尊重幼儿、注重生活对幼儿成长的价值是幼儿教师对幼儿的态度与行为准则。

一、关爱幼儿

关爱幼儿是师德的灵魂，有以下几点具体内容：

1. 关心、爱护全体幼儿，尊重幼儿人格，平等、公正对待幼儿

作为一名幼儿教师，我们的关爱是要面向全体幼儿且公平公正的。譬如，李老师因为小慧的妈妈是幼儿园园长，对小慧关爱有加，有求必应，却对其他幼儿的需求视而不见或是敷衍了事。从这一例子中可以看出，李老师是能够关爱幼儿的，可是因关爱没有面向全体幼儿，没有平等、公正地对待每一位幼儿，所以称不上是真正地关爱幼儿。

2. 对幼儿严慈相济，做幼儿的良师益友

严慈相济表明幼儿教师对幼儿既要严格，又要慈爱。良师益友表明幼儿教师的双重身份，双重身份是指幼儿教师不但要做幼儿教学上的

老师，还要做幼儿生活中的好朋友。由于幼儿年龄尚小，对世界的认知不够，作为幼儿教师要有容错教育，允许幼儿犯错，并包容幼儿的过失。比如，王老师带领幼儿进行户外活动时，发现小铃随手乱丢垃圾，王老师没有当场大发雷霆，反而借这个机会开展了一次小小清洁工的游戏，让幼儿送垃圾宝宝回家。活动结束后王老师特意表扬了小铃，小铃主动承认了自己的错误，并认识到保护公共卫生环境的重要性。从这一例子能够看出，王老师在幼儿犯错的时候没有马上责骂，反而通过活动对幼儿进行教育，严与慈相结合，真正地做到了关爱幼儿。

3. 保护幼儿安全，关心幼儿健康，维护幼儿权益

2008年四川汶川发生了大地震，涌现出了很多抗震救灾英雄教师，然而也出现了"范跑跑"事件。地震发生之后，范老师丢掉学生不顾一切第一个跑出教室，并对后来逃出来的学生说道："我是一个追求自由与公正的人，却不是勇于牺牲自我的人！"针对此事件的严重性，在《教师职业素养》具体条文中就新增了相关内容。所以，作为幼儿教师，只教书育人是不够的，还要做到在危难时刻第一时间优先保证幼儿的安全，在日常生活中要时时刻刻关注幼儿的身心健康，真正地做到关爱幼儿。

4. 不讽刺、挖苦、歧视幼儿，不体罚或变相体罚幼儿

此内容在《中华人民共和国未成年人保护法》第二十一条有明确的规定，这是对幼儿人格尊严权的保护。作为幼儿教师，面对幼儿的缺点、错误或者与教师不同的想法，都要正确地对待，并作出正确的处理。譬如，小星在吃饭时总会把饭掉到桌上，每次老师看见后也总是对小星说："你怎么这么笨，下次再掉出来就不要吃饭了。"从成

人的角度来看，对幼儿说"蠢笨"是很正常的话语，因为过去的他们也是在这样的打压下长大的，而目前明确规定：不得讽刺、挖苦、歧视幼儿，不得体罚或变相体罚幼儿。比如让幼儿在教室门口罚站等现象，现在都不允许出现。所以，作为幼儿教师，要真心地关爱幼儿，必须用正确的方式看待幼儿出现的各种问题。

知识拓展

幼儿教师如何关爱幼儿

所谓关爱幼儿是指幼儿教师应该了解班级中每一个幼儿，并对他们充满关心与爱护。所以，作为幼儿教师，我们要用真心关爱班级中每一个幼儿。对幼儿真正地关爱，不仅是一种境界，而且是表现在教育上的一种目光远大。

关爱幼儿，要不断地更新教育观念。我们呼吁社会应给予教育更多的支持和理解，与此同时我们幼儿教师需来一次彻底的教育观念的转变。教育观念不但直接影响幼儿教师的教育行为，还间接影响着幼儿教师的道德行为，它既表现在幼儿教师对待幼儿的态度、行为及方法上，又表现在教学、教育的具体行为上；幼儿教师的教育观影响着其对教育地位、作用的认识，影响着其对幼儿的评价，影响着其对幼儿成长的关注程度，与此同时还呈现出幼儿教师的师德水准。

关爱幼儿，要落实"以幼儿为本"。作为幼儿教师，要从内心认可每一个幼儿都应该是有尊严的鲜活的生命体，我们要以此为指南，将这种意识贯穿于教育幼儿的过程中，让幼儿自小就享有作为"人"应得到的尊重。

关爱幼儿，要体现对生命的敬畏。幼儿园不仅是知识的园地，还应是品德的高地。我们的教育任务，不单是教给幼儿知识，还有生命安全、生命价值的教育。在教育幼儿的过程中，我们需要引导幼儿认识彼此、尊重彼此和关爱彼此，提高幼儿的人际交往能力，尊重幼儿人格。

二、尊重幼儿

尊重幼儿是幼儿教师的基本态度，也是师德的基本准则。《幼儿园教育指导纲要》指出："幼儿园教育应尊重幼儿的人格和权利，尊重幼儿身心发展规律和学习特点……促进每个幼儿富有个性地发展。""尊重幼儿，尊重幼儿的需要。"这些规定是幼儿教师必须做到的。

尊重幼儿，就要尊重幼儿的个性差异。正如沙漠中找不到绝对相似的两粒沙子，每棵树上寻不见完全雷同的一双叶片。在茫茫的人海，我们既不能找到两个完全相似的幼儿，也找不到能适合任何幼儿的一种教育教学方法。一把尺子量所有的幼儿，就会出现教育的败笔。尊重幼儿，就不能将自己的目光仅仅局限在教授幼儿知识上，还需要引导他们去丰富精神生活。尊重幼儿，幼儿教师关注的不只是幼儿所学，还要用自己的全部热情去注重幼儿之所思、所想。若做到了尊重幼儿，就能实现与幼儿融洽地沟通，就能让民主、平等、和谐的师生关系顺理成章地得以实现。

尊重幼儿，建立民主、平等的师生关系。新课标要求幼儿教师要彻底改变"师道尊严"的传统观念，要以平等的身份尊重幼儿。只有如此，才能建立民主、平等的师生关系。当幼儿怕老师的时候，幼儿在活动中就无法放开手去探索、去创新。所以，幼儿教师首先要关注幼儿的生活，做幼儿的知心朋友，幼儿做什么、想什么，生活上有什么困难，幼儿教师都应该知道。此外，幼儿喜欢玩什么游戏，喜欢看什么书、什么动画片，幼儿教师也应该了解。只有如此，师生之间才会有共同语言，幼儿才会觉得老师什么都懂一些，老师批评、开导他们，他们才能接受。这种融洽的民主平等的师生关系，最终会促进教学活动任务的完成，提高幼儿的认知。幼儿教师关爱每个幼儿，包括树立其信心，点燃其学习热情，挖掘其聪明才智，并走进他们的内心世界，才能使幼儿健康快乐地成长，才能幸福每一个家庭。把关爱幼儿落到实处，践行在教育活动中，是十分重要的。有爱心只是前提，还必须善于了解幼儿，把握幼儿的思想、心理动态及其规律，要讲究引导幼儿和解决问题的方法。这是一项艰苦细致的工作，也是一门艺术。

幼儿教师要尊重幼儿的努力，让幼儿喜欢并接受自己；幼儿做对了事情要及时称赞，给予幼儿极大的尊重和信任；尊重幼儿选择，让幼儿体验错误行为的自然后果，给幼儿一个体验失败的机会。幼儿教师要让幼儿知道，幼儿自己也拥有许多让别人羡慕的地方；让幼儿知道，任性的行为是不受欢迎的，原谅幼儿的错误和不完美。幼儿教师对幼儿的感受要宽容，对幼儿的行为要严格，要用一颗宽容的心去对待幼儿；要让幼儿知道，责任是不可推卸的，培养幼儿的责任心，让幼儿为自己的过失承担责任。幼儿教师要扮成弱者让幼儿学会关爱别人，给幼儿独立的机会，让幼儿生活得更精彩；放开手看着幼儿进行每一次新的尝试，要有意识地给幼儿留出一块自由自在的私人空间，并给幼儿表达的时间和空间。幼儿教师要寻找机会让幼儿看到一个全新的自我，为幼儿的每一次成功而喝彩。

幼儿教师尊重幼儿的心得

尊重幼儿是让幼儿对自己充满信心，相信自己有能力做出正确的选择与判断。尊重幼儿就是不把成人的要求强加于幼儿，而是鼓励幼儿发表自己的意见与看法，相信幼儿有自己的见解。尊重对于幼儿来说意义重大。那么，怎样才能做到尊重幼儿呢？

我认为，尊重幼儿，就要促进幼儿富有个性的发展。要发展幼儿的个性，就应当尊重幼儿的个性，尊重幼儿的心理发展。《幼儿园教育纲要》提出："幼儿教育应尊重幼儿的人格和权利，尊重幼儿身心发展的规律和学习特点，以游戏为基本活动，保教并重，关注个别差异，促进每个幼儿富有个性的发展。"

对幼儿来说，每一个个体都有自身的个性特点。有的幼儿动作慢，有的幼儿性格开朗，有的幼儿做事毛躁，有的幼儿不爱讲话，有的幼儿脾气固执，等等。但不管幼儿的个性如何，幼儿教师都应当真正理解每个幼儿的需要，尊重每个幼儿的个性。

我在组织幼儿练习拍球的过程中采用比赛的形式，为每个幼儿提供展示的机会。比如，我班的莹莹就是不愿意参与到活动中，我怎样鼓励均无济于事，她只是独自一人在楼道里玩玩具。我以为她可能不会拍球，就尊重了她的选择。可是经过几天观察，发现她并不是不会拍，我就问她："为什么老师让你拍球，你不拍？看，你拍得多好呀！"她笑了笑，小声告诉我："我害怕别人看着我拍球。"我了解她的性格之后，就留意为她创设获取成功的机会。在此后的活动中，我时常鼓励她，在小朋友面前表扬她，树立她的自信心，莹莹渐渐地进步了，她的自信心得到了提高。

作为新时代的幼儿教师，我们肩负着培育下一代接班人的重任，我们要用发展的眼光看问题，与时俱进，积极学习实践先进的教育和管理经验，认真分析我们所遇到的新课题，敢于迎接新挑战。幼儿教育是一项十分艰辛、复杂而又细致的工作，我将继续贯彻《幼儿园教育纲要》精神，更好地跟上时代变革的步伐。在幼儿教育中，尊重幼儿的潜能，尊重幼儿的个性，运用"尊重"这把钥匙，来打开幼儿心灵的金锁，培育出富有个性、健康活泼的新一代接班人。

三、注重生活对幼儿成长的价值

在日常生活中处处隐藏着教育契机，幼儿教师可以对其充分利用来促进幼儿的全面发展。比如，签到是幼儿入园的第一步，幼儿教师可以借此培养幼儿的秩序感。签到活动有利于调整幼儿情绪，为他们开启全天的生活、学习和游戏奠定基础。签到活动能够培养幼儿的沟通交流力、观察力、想象力、规则意识等。据了解，大部分幼儿园的签到环节形式单一、缺乏趣味性，签到内容与课程没有关系。比如，有的幼儿教师让幼儿借助塑料牌、雪花片等小工具插入对应的卡号，在固定的时间等教师点名叫号。整个签到过程枯燥无味，签到的形式也缺少创意与设计。

幼儿生活是课程的现实基础，幼儿生活不是成人在书本中臆想出来的，而是幼儿自己的、与其经验直接相关的生活。幼儿教师应站在幼儿立场，放下身段，走近幼儿，在与幼儿的日常相处中，在跟他们的嬉戏玩闹中，在幼儿的一餐一饭间，倾听他们的童言稚语，关心他们的喜怒哀乐，观察他们的生活点滴，发现幼儿的行动特点和兴趣指向。在此基础上，教师才有可能在幼儿生活中发现课程。例如，幼儿园食堂要给幼儿做豆子吃，需要幼儿帮忙剥豆子，幼儿剥豆子的积极性很高。如果幼儿教师置幼儿的兴趣于不顾，在剥豆子的过程中加入让幼儿背诵的环节，则剥豆子这一有趣的事情在幼儿看来会变得无聊沉闷。这种做法仍然是幼儿教师将生活与课程割裂看待。

课程源于生活，也应回到生活中实施。在实施课程的过程中，教师仍应考虑幼儿的学习方式和特点，结合幼儿的兴趣和已有经验，选择幼儿感兴趣的、生活化的、游戏化的方式，最大限度支持和满足幼儿通过直接感知、实际操作和亲身体验获取经验的需要，防止在课程实施中将源于生活的课程知识化、技能化。

知识拓展

幼儿教师注重生活对幼儿成长价值的心得

"一日生活即课程，生活即教育。"幼儿园每天从入园到离园这个过程中的每一项活动都是促使幼儿全面发展的必要手段。

我认为，幼儿园里无小事，一日生活的每个环节都要重视，每个环节都有教育契机。

就餐活动中的课程。进餐是幼儿一日生活中重要的环节，培养幼儿良好的进餐习惯也是幼儿园重要的课程。在调研中我们发现有些幼儿尤为挑食，任由老师怎么讲道理，还是这样不吃，那样不吃，幼儿都很喜欢《乐智小天地》中巧虎这一形象，这让我想到我们可以自制布书，用巧虎的形象吸引大家。书里面的内容有主食、蔬菜、肉、海鲜、水果、点心六大类食物的卡通图片，这些食物都能随意取放。每日用餐之前，请幼儿根据菜谱找出相应的食物图片，"喂"给巧虎吃。以此给予幼儿积极的心理暗示，鼓励幼儿不偏食、不挑食，样样都爱吃。

喝水活动中的课程。我们在家长反馈意见中通常会看到这样的意见："老师，麻烦你让我的孩子多喝点水。"的确，很多孩子在生活中都不能主动去喝水，那么幼儿教师适当地引导就显得非常重要。可以每天规定时间让幼儿们自己去喝水，外加老师的督促；或者尝试幼儿教师自编小儿歌，让幼儿们在游戏中自觉地排队喝水，并且认识到喝水的重要性；也可以运用讲故事的方法来教育幼儿，让幼儿知道喝水的重要性。

户外活动中的课程。我们要根据不同年龄幼儿的特点，来编排不同的活动内容；活动时间要适宜，毕竟每个年龄段的幼儿特点都有所不同。此外我们还要多与家长沟通，了解幼儿在家的表现，以便针对性地做好教育教学工作。对幼儿的健康、情绪等进行观察，做好针对个别幼儿的工作，对生病的幼儿做好用药记录，并将药品妥善保管。

主题4 幼儿保育和教育的态度与行为

导语

　　幼儿教师对幼儿保育和教育的态度与行为，即幼儿教师的保教观。幼儿保育教育的态度与行为指向的是幼儿教师，幼儿教师对保教活动的原则、内容、方式、效果等整个过程的认识与理解直接决定着保教活动的实践形态。幼儿保育和教育是一项十分重要的工作，它关系到幼儿的成长和发展。因此，对幼儿教师来说必须具备正确的态度和行为，才能够更好地为幼儿服务。

一、坚持保教结合原则

　　《幼儿园教育指导纲要》中指出：幼儿园教育应当贯彻国家的教育方针，坚持保育与教育相结合的原则，对幼儿实施德、智、体、美诸方面全面发展的教育，全面落实《幼儿园工作规程》所提出的保育教育目标。

　　1. 保教结合的内涵及要求

　　保教结合是一个整体概念，"保"与"教"是整个幼儿教育的不同方面。"保"是指保护幼儿的健康，包括幼儿的身体、心理以及社会适应方面。"教"指幼儿园的教育教学，依照"德、智、体、美"的要求，有计划、有目标地对幼儿进行全面发展的教育，包括对幼儿的健康、语言、社会、科学、艺术等领域的教学，良好环境的创设，游戏的支持与引导等方面的整合。幼儿教师要在各项活动中做到保中有教、教中有保，并使两者互相联系、互相渗透，保教并重，从而使幼儿在得到细致周到的照料的同时获得德、智、体、美全面和谐的发展。

2. 实行保教结合的原则是幼儿身心发展的需要

保教结合是幼儿园工作的原则，是我国幼儿园工作的基本特点，这是由幼儿身心发展的特点决定的。幼儿各器官系统尚未发育完善，生活习惯、心理特征、个性特征等尚未形成，他们在身体活动、自我认知、独立生活、保护生命安全以及识别并防御危险物品等方面的能力很弱。这些都决定了幼儿教师对幼儿所实施的教育不仅需要有生活上的精心照料和安全保护，而且需要注重幼儿的知识启蒙和能力培养。

总之，保教工作是幼儿园全部工作的重心，坚持将保教结合的教育方式渗透到幼儿园工作中，是幼儿园教育质量最直接、最明显的体现，有助于把幼儿培养成德、智、体、美全面和谐发展的个体，实现幼儿园教育的目标。

知识拓展

如何贯彻保教结合的原则

在幼儿园保教工作实践中，保与教应在同一过程中实现。幼儿一日生活活动的每个环节均渗透着保育和教育，它们互相联系、相互渗透，共同促进幼儿的发展。

（1）以幼儿为中心，全面关注幼儿身心健康发展，保证保教结合贯彻到幼儿教育的整个过程中去。

（2）开设丰富多彩的学习活动，并引导幼儿参与其中。譬如，在语言教育中通过讲故事、诵读童谣、角色扮演等培养幼儿的语言表达能力；在体育锻炼中结合游戏、舞蹈等活动，促进幼儿身体协调和感觉统合的发展。

（3）针对特定的幼儿制订个性化的保教计划，在"保""教"两方面有针对性地开展。

（4）坚持家长参与教育活动，并与他们保持良好的沟通，了解每个幼儿的特点和需要。

（5）贯彻保教结合的原则是一个长期而复杂的过程，需要幼儿园全体教职员工的共同努力，同时也要结合实际情况，按照不同幼儿的发展需求进行个性化的保育和教育。

二、遵循幼儿的学习特点

学习是指我们在生活过程中借助经验而产生的行为或行为潜能的相对持久的变化。幼儿的学习既具有学生学习的特点，又具有特殊性，具体表现在如下三个方面。

1. 幼儿的学习主要是在游戏活动中进行的

游戏是幼儿在日常生活中最基本的活动，也是幼儿获得发展最基本的路径。对幼儿来说，游戏也是一种生活技能学习的方式，它是一种很重要、很适合的学习方式。就像知名教育家福禄贝尔所说："儿童早期的各种游戏，是一切未来生活的胚芽。"幼儿最自然的活动方式就是一种生动活泼的游戏。在游戏活动中，幼儿学习各种知识、技能以及社会规范，提升其想象力、创造力等，幼儿的游戏与学习互为一体。

2. 幼儿学习注重真实体验和主动参与

幼儿的思维特点是形象思维占主导位置。所以，幼儿的学习主要是通过对实物、模型及其形象性言语的直接感知以及对学习材料的直接操作来完成的。比如，教师在"多彩的广告"这一社会活动中，选取广告片段、润肤露等真实的事物供幼儿直接感知。这不但有利于幼儿获得真实的体验，还能够更好地将亲身经历内化为自身经验。

3. 幼儿的学习更需要教师的指导

直接的观察模仿是幼儿学习的主要方式，这种学习方式离不开幼儿教师的正确指导。幼儿教师要最大限度地利用幼儿园教学的活动性、游戏性、综合性特点和其他各种因素使幼儿得到全面、和谐的发展。假如幼儿教师不顾幼儿的学习特点，而盲目地进行指导，其结果往往是事倍功半，无法达成教育目标的。

知识拓展

根据幼儿的学习特点做好教学

每个幼儿都有其独有的学习特点，在幼儿教学上幼儿教师应遵循每个幼儿的学习特点进行。

1. 重视培养幼儿对学习的兴趣

幼儿的学习与其日常生活联系密切，幼儿的认识活动会受到兴趣和需求的直接影响，要想让幼儿成为主动的学习者，幼儿的兴趣和需求应当得到极大的尊重和满足。因此，幼儿教师必须重视培养幼儿对学习的兴趣，让幼儿的素质获得良好的发展。

（1）采用富有趣味的教学方法，来激发幼儿的学习兴趣。

（2）保护和鼓励幼儿的求知欲望，使其形成较稳定的学习兴趣。

（3）启发幼儿使其在探索活动中产生学习兴趣。

2．给幼儿主动学习的机会

幼儿对世界的认识具有感性、具体、形象的特点，他们通常需要用动作来帮助思维，这就决定了他们的学习是以直接经验为基础的。有的幼儿教师不相信幼儿，害怕幼儿不会做或扰乱秩序，于是自己先做示范，再让幼儿进行操作，从而造成幼儿思考与尝试的机会就少了。所以，幼儿教师要相信幼儿，予以幼儿主动学习的机会，并提供丰富多样的材料，让幼儿亲自去尝试、去体验。

3．尊重幼儿的学习具有差异性

因幼儿遗传因素、生活的环境、受教育的差异以及主观心理活动不同，还因幼儿各具特点，表现出千差万别的个性。所以，每个幼儿在起点、速度、发展的方向以及最终达到的水平上都存在着差异，这就决定了幼儿学习方式和学习进度也不一样。在承认幼儿之间存在差异的同时，幼儿教师还应当尊重幼儿的学习具有差异性；同时不能忽略幼儿的个别特点，必须对幼儿进行有效的引导，从而实现个性化的因材施教。

三、重视游戏对幼儿发展的作用

游戏是一种十分有趣的活动，容易被幼儿接受。一般来说，游戏活动对幼儿有极大的吸引力，游戏本身既有活动又有内容，比单个动作和词语更有趣，它能够让幼儿在头脑中保留印象和经历；游戏活动较为生动、具体，适合于幼儿感知，这样使得幼儿不仅能够根据自己的意愿、体力和能力进行各种活动，能够较自然地来表达思想感情，还能够按自己的意愿发挥想象力，这样就会感到轻松、愉快；游戏还能够增强幼儿的自信心，幼儿可以借助游戏了解周围事物。具体来说，游戏在幼儿智力发展中起到如下作用。

1. 游戏能满足幼儿的心理需要

根据幼儿身心发展阶段的特点，幼儿想要按自己的愿望去自由行动，然而现实却对其行为能力进行了限制，从而造成幼儿的心理需要在一定程度上得不到满足，情绪就可能处于一种压抑状态。这种压抑的情绪需要排解，游戏是幼儿排解不满情绪的一个很好的方式。在游戏中幼儿通过自己的理解、自己的感受做到了现实生活中做不到的事，证明了自己的价值，排遣了心中的不快。这是对其进行道理的灌输所达不到的。当幼儿被压抑的心理问题在游戏中得到解决时，幼儿的心态也就恢复了平衡，从而体现出游戏能起到满足幼儿的心理需要、排解幼儿的不良情绪的作用。

2. 游戏能促进幼儿的认知发展

由于幼儿有了自己要认识世界的愿望，因而他们更喜欢进行游戏活动。在游戏过程中，幼儿能够随心所欲，充分发挥主动性，进行积极的探索，这对幼儿的言语、记忆、注意、创造力、想象力的发展都起到了积极的推动作用。这种游戏的过程不但是幼儿不断认识社会的过程，还是幼儿认知不断丰富的过程。

3. 游戏能促进幼儿的创造力发展

游戏是培养幼儿创造力的手段之一。心理学家将幼儿的创造力描述为"回忆过去的经验，并对这些经验进行选择、重新组合，以加工成新的模式、新的思路或新的产品"的能力。幼儿既从外界吸取知识经验，又想把自己头脑中的丰富想象表达出来，游戏正好能够满足幼儿的这种需要。

4. 游戏能提高幼儿的人际交往能力

幼儿之间的交往是在自然过程中进行的，游戏为幼儿提供了学习与人交往和自我调节的最佳路径。在游戏的过程中，幼儿体验着失败与成功，体验着自由与规则，体验着过程与结果，并且不断地从他人那里印证自己，从与客体的相互作用中求证自己的存在，然后扩展到发现别人、认识别人，并在与人交往的过程中学会如何求同存异、如何与人合作、遇事如何与人商量、学会什么情况应该妥协等，且在这个基础上学习相互理解、学习与他人相互帮助，逐渐形成对待他人的态度和行为，学会遵守集体的规则，提升适应新的社会环境的能力，从而提高人际交往的能力。

5. 游戏能促进幼儿的情感发展

著名心理学家皮亚杰在谈到游戏对幼儿发展的价值问题时，强调游戏对幼儿发展的价值主要体现在情感价值而不是认知价值。他认为幼儿在游戏中只是用已有的经验去同化现实，将它们改造成适合自己认知图式的东西，而不是获取新的知识和技能，游戏能够调节智慧与情感的矛盾，让情感得以发展。确实如此，在游戏活动中，幼儿完全处于主动地位，他们能够自主地选择活动，而不受来自现实世界的各种限制和约束。在这种状态中，幼儿的各种情感无论是积极的还是消极的都能得以自然流露，并在与同伴的交往过程中得到发展；积极的情感得以发挥，消极的情感因同伴的监督而得到调整控制，慢慢消失，情感的发展得到极大的促进。

如何让游戏活动来促进幼儿发展

游戏是幼儿活动和情感世界的精神依托，幼儿教师在教学时应重视游戏活动，引导幼儿开展符合幼儿特点的活动。幼儿教师要精心预设游戏，使其既能引起幼儿们的兴趣，又能够促进幼儿们的思维发展，培养他们的创新意识。

1. 让游戏与生活密切联系，丰富幼儿的感知

游戏来源于生活，又与生活有差异。有的在生活中不能表现的东西，可以凭借游戏表现出来。游戏的发展具有一定的规律，按照认知发展水平可以将它分为三个阶段：机能性游戏、象征性游戏及规则性游戏。幼儿的游戏以象征性的主题活动为主，绝大多数是情境活动。在活动中幼儿可以扮演不同的角色，想要适应不同的角色，幼儿就要具有一定的生活经验。譬如，玩"过家家"的游戏时，幼儿就要回忆爸爸通常是采用什么语气说话，说些什么话，有哪些动作；妈妈平时是怎么说话的，说话的内容是什么，遇到问题时怎么解决。

2. 给游戏适宜的土壤，满足幼儿的愿望

一是在游戏的过程中，幼儿教师要给予幼儿极大的自由，才能让他们充分发挥想象力。由于所有游戏都是一种自愿的活动，按照命令的游戏已经不再是游戏。在幼儿游戏的时候，幼儿教师应当让幼儿率性而为，允许幼儿从一种游戏自由切换到另一种游戏，使得幼儿有充分的自由来构建游戏的场景，从而获得心理上的满足。不要给幼儿的行动套上过多人为的枷锁，尽量呵护他们的天性。当然，幼儿教师在

游戏的过程中也不能一味地放任自流，要密切关注幼儿的游戏过程，适当地引导幼儿做游戏。

二是幼儿教师在引导幼儿做游戏的时候要尽量给予他们空间上的新鲜感。由于不同的游戏在同一空间里进行，时间久了就会让幼儿感觉到没有新鲜感。所以，幼儿教师要让幼儿享受到在不同的区域、采用不同的材料开展不同的游戏的权利，时时刻刻保持游戏活动的新鲜感。例如，春暖花开的时候，让幼儿玩"赤脚走大地"的游戏；下雪的时候，让幼儿看雪、听雪、踩雪、玩雪。还可以不断地变换游戏设施的位置，添置新的游戏材料，布置出新的游戏情境。游戏材料可以购买新的，也可以因地制宜，运用自然环境开展游戏，或利用废旧物品制作玩具。面对新的游戏，幼儿们在感到新鲜的同时，也会不断地开动脑筋去尝试，玩出新意，衍生出不同的游戏情节。

三是幼儿教师在引导幼儿做游戏的过程中，要多观察幼儿的动向，多倾听幼儿的要求。幼儿教师只有将精力融入到幼儿的游戏过程，才能真正理解幼儿的需求，跟上幼儿的步伐。除了融入幼儿的游戏过程，幼儿教师还要对幼儿的想法和做法给予及时、积极的评价。评价应侧重于问题的解决和成功做法的分享，让幼儿品尝到成功的快乐，找到弥补缺陷的方法。

专题二

幼儿教师的专业知识

　　《幼儿园教师专业标准》将幼儿教师的专业知识分为"儿童发展知识""教育与保育知识"和"通识性知识"三个部分。专业知识是幼儿教师专业素质的重要组成部分，是幼儿教师专业发展的核心内容之一。幼儿教师的专业知识体现了幼儿园教师作为一种专门职业的独特性和不可替代性。它不但是幼儿教师从事保育教育工作所必须具备的智力资源，而且其丰富程度和应用情况也直接决定了幼儿教师专业水平的高低。

主题1　了解和掌握幼儿发展的知识

导语

　　按照《幼儿园教师专业标准》的要求，幼儿教师必须具备幼儿发展的知识，幼儿发展的知识可以归纳为三个方面：幼儿身心发展的一般规律、幼儿发展的年龄特征、幼儿发展的个体差异。

一、幼儿身心发展的一般规律

　　幼儿的生理和心理发展是随其年龄的增长而逐渐成熟和完善的，其身心各方面的发展变化有规律可循。幼儿身心发展一般规律的知识即是要回答"什么是发展？发展是怎样一个过程？遵循着什么样的方向和路线？哪些因素影响发展？"等基本而重大的问题。掌握这些知识是教师把握保育教育工作方向和原则的前提。例如，大量研究揭示，幼儿的认知发展经历着一个从感知运动智力（或称直觉行动思维）向前运算智力（具体形象思维）、再向具体运算智力（萌芽状态的抽象逻辑思维）发展的过程，这个顺序是不可逆转的，也是不可逾越的。不按照这样的规律实施教育，不仅不能有效地促进幼儿的学习与发展，反而可能会给幼儿带来伤害。

　　例如，幼儿的认知活动带有明显的具体形象性特点，利用感知和动作与周围事物直接相互作用是他们获得经验的基本途径，表象（事物形象）是其经验的主要储存方式，也是其思维的基本工具。超越幼儿具体形象思维的特点而强制教授一些过于概念化的、抽象的内容，只能导致死记硬背，甚至可能破坏幼儿的学习兴趣，摧毁其自信心。

知识拓展

学龄前儿童身体和心理发展特征

学龄前儿童身心发展的特点是指在3～6岁这个阶段，儿童身体和心理方面的变化和发展。这个阶段是儿童成长中非常重要的一个阶段，因为它对儿童未来的发展和成长有着至关重要的影响。

学龄前儿童的发展是指学龄前儿童在成长过程中生理和心理有规律地进行量变与质变的过程，也是学龄前儿童生理成熟与个性心理品质形成与变化的复杂过程。生理成熟是指儿童个体作为一个生物体，其生理结构和生理机能的发展，是纯粹的生物性演变过程；个性心理品质的形成和变化过程，是以个体的生理成熟为基础，并与其生理机能的发展混为一体、互为表里的过程。也就是说，生理机能是人的外在心理品质和行为表现的内部生理机制。随着年龄增长，儿童的身体和心理变化普遍存在如下三个特征：

1. 发展具有方向性和顺序性

正常情况下，儿童的发展具有一定的方向性和顺序性，既不能逾越，也不会逆向发展，按由低级到高级、由简单到复杂的顺序进行。如个体动作的发展，遵循自上而下、由躯体中心向外围、从粗动作到细动作的发展规律。这些规律可概括为动作发展的头尾律、远近律和大小律，体现在每个儿童身上。

儿童体内各大系统成熟的顺序是：神经系统、运动系统、生殖系统；大脑各区成熟的顺序是：枕叶、颞叶、顶叶、额叶；脑细胞发育的顺序是：轴突、树突、轴突的髓鞘化。这种方向性和不可逆性在某种程度上体现出基因型在环境的影响下不断把遗传程序编制显现出来的过程。

2. 发展具有连续性和阶段性

和其他事物一样，儿童心理的发展也是一个不断的矛盾运动过程，是一个不断从量变到质变的发展过程。儿童心理发展的连续性表现在：先前的较低级的发展是后来较高级的发展的前提。儿童心理时刻都在发生量的变化，随着量变的积累，到了一定程度，就会发生质变，从而使儿童心理发展呈现出"阶段性"。

儿童心理发展的连续性和阶段性不是绝对对立的，而是辩证统一的。儿童心理发展一般采取渐变的形式，在原有的质的特征占主要地位时，已经开始出现新的特征的萌芽，而当新的特征占主要地位之后，往往仍有旧的特征的表现，发展之间一般不会出现突然的中断，阶段之间具有交叉性。

3. 发展具有不平衡性

人的发展不是等速的，学龄前期和青春期是发展的两大加速期。在学龄前期的不同时间内，儿童的发展速度也不同。儿童年龄越小，发展的速度就越快，这是学龄前期儿童心理发展的规律。关键期和危机期就是发展不平衡的表现。关键期也叫敏感期或者临界期，指的是儿童各种心理机能发展的一个最佳年龄段。如果在这个最佳年龄段为儿童提供适当的条件，就会有效促进这方面的发展，如果错过了这一时期，将来就很难弥补。危机期是指儿童在某些特定的年龄段，儿童心理常常会发生紊乱，表现出各种否定和抗拒的行为，有人认为3岁、7岁、11～12岁是儿童发展的危机年龄。

另外，学龄前儿童心理活动各个方面的发展也不平衡。比如，感知觉在出生后发展迅速，而思维的发展则要经过相当长的孕育过程。

不同个体在心理发展过程中，心理机制、运动系统的活动能力、感觉和知觉的灵敏度、智力、知识范围、学习成绩、兴趣、态度以及其他种种不同的心理特征，都存在程度不同的差异性。

二、幼儿发展的年龄特征

3～6岁是儿童进入幼儿园的时期，又叫作幼儿期。在这一时期内幼儿的心理发展有显著的变化，每年均出现不同的特征。

1．3～4岁

幼儿园小班（3～4岁）的学生刚从婴儿期进入幼儿期，一是他们的身上还带有一点儿婴儿的印记；二是因身心发展很快，他们又开始具有幼儿期的明显特点。所以小班幼儿的年龄特征非常突出。

（1）运动能力发展快。小班幼儿处于身体快速发展的时期，运动能力发展快是其重要标志。他们很灵活地进行身体的运动，甚至可以做出一些较复杂的动作。比如调节跑步的速度，跑步时突然改变跑步的方向，甚至进行急转弯。

（2）思维依靠行动。幼儿运动能力的发展不仅对他们的身体发育，而且对他们的思维发展均有重要的价值。刚过婴儿期的3岁幼儿，正处于直觉行动到具体形象思维的过渡阶段，他们的思维活动在相当大程度上要依靠行动。与此同时，3岁幼儿的口语表达和人际交往能力与中班、大班相比还比较差，他们也通常通过自己的行动表达需求。

（3）情绪支配作用比较大。情绪对3岁幼儿来说能起到很大的支配作用。他们很容易激动，并且激动起来就无法控制。他们对亲人呈现出强烈的依恋，第一次离开父母时，就会表现出很不安的状态。小班幼儿在伙伴之间的交往中，他们的情绪也有很大的影响，他们的行为主要受情绪支配，因而他们的很多行为都是情绪化的。

（4）爱模仿。爱模仿是3岁幼儿突出的年龄特征。他们喜欢模仿老师、家长和伙伴。小班幼儿正是在模仿中学习、成长的。模仿可以成为他们的学习动机，也可以成为他们学习他人经验的过程。幼儿的模仿并不是消极被动的临摹，他们在模仿中同样有创造，有自己个性与情感的表达。

（5）常将假想当作真实。3～4岁幼儿经常将自己假想的事情当作真实的事情，他们表现出夸张性的想象。对于这一点成人不理解，通常误认为他们在"说谎"。他们非常喜欢游戏，通常沉迷于想象的情景，真实地将自己当作了游戏中的角色。此点在3～4岁的幼儿身上表现非常突出。

（6）常把动物或物体当作人。3岁的幼儿经常把动物当作人，甚至觉得没有生命的物体也会说、会动、会思考，是他们的同类。他们经常和小动物说话，跟小椅子说"再见"，这是幼儿思维方式体现"拟人性"的特点。正因这样，3～4岁的幼儿爱听童话故事，他们常常觉得自己生活在童话世界中。

2. 4～5岁

4～5岁处于幼儿中期，也是幼儿园中班的年龄。幼儿园中班是幼儿三年学前教育中承上启下的阶段，是幼儿身心发展的重要时期。它具有特有的年龄特点。

（1）有意行为开始发展。4～5岁幼儿在集体活动中，他们的有意行为（是指一个人有意识地进行的行动）在增加，他们集中精力进行某种活动的时间比以前延长。在集体活动中，小班通常为15分钟，中班通常为25分钟。他们在成人的指令下，能完成一些力所能及的任务。在幼儿园里，他们可以做值日生，为班级做力所能及的事情，比如帮助老师摆放桌椅等。在家里，他们能收拾自己的玩具、用具，并能帮助父母收拾碗筷、叠衣服等。这表明幼儿已出现了最初的责任感。

（2）学习控制自己的情绪。4～5岁幼儿的情绪比3岁幼儿的情绪更稳定，他们的行为受情绪支配的作用在渐渐下降，开始学会控制自己的情绪。在商场，当他们看到喜爱的玩具时，不像2～3岁时那样哭叫着要买，能听从亲人的要求，并用语言自我安慰："家里已有很多玩具了，我就不买了。"在幼儿园里，与同伴发生争执时，有时能控制自己的情绪。但是他们控制得并不是很好，对十分感兴趣的事和物仍然受情绪支配，甚至还会出现情绪失控的现象，不高兴时仍会大发脾气。

（3）遵守一定的规则，是非观较模糊。在集体生活中，4～5岁幼儿不但开始表现出自信，还能遵守一定的规则，懂得要排队洗手、依次玩玩具等。当他们与他人相处时，表现出很有礼貌，会主动说"对不起""谢谢"等，但是非观念仍比较模糊，只懂得受表扬的是好事，受指责的是坏事；喜欢受表扬，听到批评会感到很难为情。

（4）在集体活动中学会交往。4～5岁幼儿喜欢和同伴一起玩，在集体活动中他们渐渐学会了交往，并与同伴分享快乐，从中获得了领导同伴和服从同伴的经验。这时他们开始有了嫉妒心，能感受到挫折，表现出愤怒。有时候，他们还爱炫耀自己所拥有的东西。当然，在集体活动中他们也了解和学会与人交往以及合作的方式。

（5）运动能力发展更完善，体力显著地增强。4～5岁幼儿精力充沛，他们的身体开始变结实，体力较好，可以行走一定的路程。在运动中，其动作更为灵活，不仅能自如地跑、跳、攀登，还能单足站立，会抛接球，能骑小车等；手指动作较灵巧，能熟练地穿脱衣服、拉拉链、扣纽扣、系鞋带，也会穿珠、折纸、拼插积木等。他们可以完成精细动作，动作质量明显提高，既可以灵活操作，又可以坚持较长时间。

（6）性格活泼好动，喜欢应用感官。随着身心的发展，4~5岁幼儿对周围的生活更熟悉了，他们总是不停地看、听、摸，见到了新颖的东西，爱用手去摸、去拿，还会放在嘴里尝尝、咬咬，或放在耳边听听，用鼻子去闻，他们会主动应用感官去探索、去了解新鲜事物。他们还经常爱寻根问底，不仅要了解"是什么"，还要探究"为什么"。比如，经常会问"为什么鸟会飞？""为什么不这样？"等问题。

（7）思维具体形象，开始依据事物的表面属性进行分类。4~5岁幼儿的思维有着具体形象的特点，在理解成人的语言时，时常借助自己的具体经验，如教师说"一滴水，不起眼"，幼儿则理解成了"一滴水，肚脐眼"。此时的幼儿在已有感性经验的基础上，开始对具体事物进行分类，可是分类的水平还很低。其分类是依据具体事物的表面属性（如形状、颜色）、功能或者情景等。例如将太阳、卷心菜归为一类，认为这些东西都是圆形的；将玉米、香蕉归为一类，认为这些东西都是黄色的；把桃、梨、苹果归为一类，认为这些水果不仅能够食用，而且水分较多。

（8）对事物的理解能力逐步提高。4~5岁幼儿对事物的理解能力开始逐步提高，在时间概念上，能分辨什么时间应该做什么事情；在空间概念上，能区别最先、最后、前后、中间等位置；在数量上，能熟练地数1~10。对物体类别的概念有了初步的认识，会区分厚薄、粗细、轻重等。一些幼儿还能分清左右，能将物品从小到大摆成一排。初步理解周围世界中表面的、简单的因果关系，比如懂得种花如果不浇水，花便会枯死的道理。

（9）能独立表述生活中的各种事物。4～5岁幼儿能清晰地表达自己的看法，他们的词汇开始丰富，爱与亲人及同伴交谈。能独立地讲故事或叙述日常生活中的各种事物，可是讲话有时会断断续续，是由于幼儿还不能记清事物现象和行为动作之间的联系。他们还会按照不同对象的理解水平来组合自己的语言，比如对姐姐说"妈妈走了"，对爷爷说"奶奶去商店买吃的东西了"。有时候他们也能表述较复杂的句子，如"我还没来得及将蛋糕放在桌子上，哥哥就将它吃掉了"。

（10）有着生动、丰富的想象力。4～5岁幼儿活泼、好动，有丰富的想象力，但对假想和现实难以分清。他们经常会将看到的内容融入自己的想象，如当幼儿站在阳台上往下看，父母提醒其要当心，他会说："没关系，我会飞。"他们还爱假装做什么，经常与想象中的伙伴一起玩，他们有时候会"撒谎"，可是这并不是真正意义上的撒谎，仅仅是用想象代替真实。

（11）有一定的表达力和创造力。4～5岁幼儿喜欢唱歌，会拍打较简单的节奏，他们能说出至少6～8种颜色，爱涂涂画画，能用橡皮泥捏出一些形状和物体，比如立方体、圆柱体、苹果、西瓜、香蕉等，有时候还会捏出人物和动物的形象。此时的幼儿在表达自己的想法时，常常运用手势、表情一起帮助表达与创造。

3. 5～6岁

5～6岁是处于幼儿园大班的年龄，是幼儿末期。大班幼儿具有这些年龄特征。

（1）自我评价能力逐渐提高。5岁以后幼儿的个性特征有了较明显的表现，其中最突出的是自我意识的提高。这一时期幼儿自我意识的提高主要体现在自我评价的能力上。幼儿的自我评价从依从性评价朝独立性评价发展，他们不再轻信成人的评价，当成人的评价与幼儿的自我评价不一致时，他们会提出申辩。与此同时，幼儿的自我评价开始从个别性评价向多面性评价发展。比如，大班幼儿在评价自己时会说："我会唱歌、跳舞，可是画画不行。"

（2）情感的稳定性逐渐提高。5～6岁幼儿的情感虽然依然会受到外界事物的影响而发生变化，但他们情感的稳定性逐渐提高，绝大多数幼儿在班上有了相对稳定的好朋友。幼儿开始能有意识地控制自己情感的外部表现，比如，摔痛了能忍着不哭。这时，由社会需要而产生的情感也开始增加。比如，当自己的表现或作品被别人忽视时会感到不安。当让他们照看比自己小的幼儿时会表现得比较尽责。

（3）自理能力和劳动能力有很大的提高。5～6岁幼儿在生活自理方面比之前更加独立，他们能用筷子吃饭、夹菜，能选择自己喜欢的、适合自己的衣服，也能不影响别人自主安静地入睡。学前后期的幼儿已能把劳动与游戏分开，对劳动具有认真的态度，重视劳动成果，并能初步理解一些劳动的社会意义。他们热衷参与成人的劳动，在家里会扫地、擦桌子、整理自己的用品。在幼儿园里能做一些力所能及的种植、喂养、值日等劳动，在劳动中有一定的责任心。

（4）合作意识逐步增强。在相互交往中，5～6岁幼儿开始有了合作意识。他们会选择自己喜欢的玩伴，并能与许多小朋友一起开展合作性游戏。他们逐步懂得公平的原则和需要服从集体的约定，也能向其他伙伴介绍、解释游戏规则。例如，在小舞台表演游戏中能一起分配角色、道具，能以语言、动作等进行表现，并有一定的合作水平。

（5）规则意识逐渐形成。5～6岁幼儿的规则意识逐渐形成，他们开始学会控制自己的行为，遵守团队的一些共同规则，比如，游戏结束后要将玩具整理好放回原处、上课发言要举手等。大班后期的幼儿很喜欢有规则的游戏，比如体育游戏、棋类游戏等。对在活动中违背规则的行为，幼儿常常会"群起而攻之"。但此时的幼儿对于规则的认识还没有达到自律。由于规则对幼儿来说还是外在的，所以幼儿在规则的实践方面还会表现出以自我为中心。

（6）动作灵活、身体控制能力显著增强。5～6岁幼儿的走路速度基本与成人一样，平衡能力显著增强，能用较复杂的运动技巧进行活动，并且能伴随音乐进行律动与舞蹈。手指肌肉迅速发展，能熟练地控制手腕，应用手指活动。比如，能灵活地使用剪刀，能用橡皮泥等材料捏出各种造型，还能运用画笔、铅笔进行简单的美工活动。

（7）有很强的求知欲望。5～6岁幼儿对周围世界具有积极的求知探索态度，他们不但爱问"是什么"，还想了解"怎么来的""怎样做"。他们还经常会提出这样的问题："鱼儿为什么能在水里游？""为什么月亮会跟着我走？""电视机里的人怎么会走路、说话？"有的幼儿喜欢将玩具拆开以探索其中的奥秘。他们开始对自然现象的起源和机械运动的原理等产生兴趣，希望得到科学的答案。

（8）初步理解周围世界中较隐性的因果关系。5～6岁幼儿开始能从内在的隐性的原因来理解各种现象的产生。比如，在解释乒乓球从倾斜的积木上滚落时说："乒乓球是圆的。积木是斜的，球放上去就会滚下来。"表明幼儿已能从物体的形状与物体之间的位置关系，即"圆"与"斜"的关系中寻找乒乓球滚落的原因。可是因周围现象中的因果关系很复杂，即使到了5～6岁，幼儿对不同现象中因果关系的理解水平也不可能一样，并且对日常生活中复杂的因果关系也难以理解。

（9）能依据周围事物的属性对它们进行分类，并加以概括。随着抽象逻辑思维逐渐发展，5~6岁幼儿开始能根据事物的本质属性进行分类，并加以概括。例如，将人们饲养的、身上有皮毛的、四条腿的猫、兔、猪归为家畜类。但因受其知识、语言、抽象概括能力的制约，这一阶段的幼儿对概念的掌握还是初级的、简单的，还不能掌握概念全部的精确含义，缺乏进行高一级抽象概括的能力。所以，幼儿在概括和归类时难免会出现一些概念外延上的错误。譬如，有的幼儿只能将家畜、家禽归类为动物，而将昆虫排斥在动物之外。

（10）能有表情地、生动地描述事物。5~6岁幼儿语言表达能力有显著的提高，他们不仅能系统地叙述生活中的见闻，还能有表情地、生动地描述事物。在与同伴和成人的交谈过程中，以自我为中心的表达逐渐减少，能按照他人的言语调整谈话内容。他们的看图讲述能力也显著提高，能在根据图片讲述内容时想象出角色的心理活动，语言表达灵活多样，并力求与他人不一样。可是这一阶段的幼儿在语言的概括能力、语言表达的逻辑性方面还存在个体差异。

（11）阅读兴趣明显提高。5~6岁幼儿不仅对图书的阅读产生浓厚的兴趣，能较长时间专心地看书，对内容的理解能力较强。并且开始对文字产生很大的兴趣，当他们在书中或广告招牌中看到自己认识的汉字时会很兴奋，还经常缠着成人教他们认字，识字的兴趣很高，记忆力也很强。他们还常常在自己的绘画作品中写上歪歪扭扭的汉字。到了大班下学期，幼儿们会聚在一起边看图书边连猜带蒙地念书中的文字，阅读成为他们最大的乐趣。

（12）创造欲望较强烈。因小肌肉运动技能的发展，双手变得灵巧，使幼儿操作物体的能力极大地加强，他们越来越喜欢那些能满足他们想象和创造欲望的各种多变性的玩具。他们能长时间专心地探索物体的多种操作方法。还会几个人合作搭建熟悉的标志性建筑物,如"幼儿园""体育馆"等等。5～6岁幼儿还对创编儿歌感兴趣,他们会为自己的画、自己的手工制品配上儿歌。在体育活动过程中他们也经常会想出独特的玩法。

(13)角色游戏趋于成熟。5～6岁幼儿玩角色游戏时,对角色的兴趣比对物的兴趣浓厚,在游戏中出现了一个主要角色与几个有关的社会角色的关系。因幼儿的思维正在逐渐向抽象化发展,所以在游戏中较多出现用语言和动作来替代物体的行为。幼儿之间对替代物的一致认同度提高,游戏中发生争执的情况减少。游戏的主题除了来自幼儿的生活外,还来源于影视作品。在角色游戏中能综合自己所经历过的各种生活内容,能创造性地再现一般的生活情景。

(14)表达方式多样化。5～6岁幼儿表现欲望很强烈,他们会用多种方式表达自己的想法。例如,在美工活动中他们会用许多工具进行绘画创作;在音乐活动中他们会通过歌舞、乐器、歌唱等方式表达自己对音乐的理解;外出参观之后,他们会用绘画、语言等方式反映自己的所见所闻。

知识拓展

幼儿教师根据各个年龄段采取的教育策略

年龄特征代表着特定年龄阶段多数幼儿的发展水平和状况。幼儿的年龄特征在相当大程度上制约着其学习,并决定了他们适合学什么、适合怎样学。只有深刻地理解和掌握幼儿身心发展的年龄特征,幼儿教师才能真正理解幼儿教育的原理和原则，才能把它们贯彻到幼儿教育实践中去。

1. 小班幼儿的教育策略

（1）给幼儿锻炼的机会。

（2）不恐吓幼儿，不说反话，多与他们身体接触。

（3）幼儿之间矛盾频发时，幼儿教师学会自我调整心态。

（4）尽可能不要让幼儿交换玩具。倾听幼儿的告状，不要当真。

（5）多让幼儿进行分筷子、搭积木等精细动作的练习。

（6）不要让幼儿长时间专注某种活动，多听一听幼儿的叙述。

（7）经常与幼儿聊天，给他们讲故事，让幼儿与同伴进行语言交流。

2. 中班幼儿的教育策略

（1）尽可能给幼儿创设多种有趣的游戏。

（2）给幼儿设置具体的道德准则，树立道德楷模，协助幼儿分辨是非。

（3）课程计划必须要遵循幼儿不同的心理和年龄发展特征来制订。

（4）要有充足的耐心，对幼儿提出的问题必须有回应。

（5）幼儿教师的语言要文明、规范。

3. 大班幼儿的教育策略

（1）多为幼儿提供锻炼的机会，例如，外出旅游让幼儿参与进来，让他们学会根据自己的需要做出选择和决定。

（2）协助幼儿完成活动。譬如，与幼儿一起制订劳动计划，星期一做什么，星期二做什么……幼儿教师要协助幼儿合理地安排时间，使幼儿感受到制订合理的计划，并付诸实施所带来的好效果。

（3）要适当提出一些要求让幼儿来完成。比如，幼儿练习的内容，要求在一定的时间内完成；在没有完成任务的期间，要求幼儿不随意走动，坚持到最后，一直到完成为止。

（4）多与幼儿谈话，一起探讨问题。给幼儿信心，让他们愿意提问，并学会自主解决问题。

（5）多为幼儿创造一些机会。例如，在公园里与同伴一起做游戏，与同伴一起参与春游、秋游、采摘等活动。让幼儿们在一起有共同的爱好和兴趣，在这样的活动中有利于他们相互模仿，相互学习，促进幼儿多方面的发展。

（6）鼓励幼儿多观察事物的现象，并表达自己的看法。让幼儿正确地对待游戏和生活中的输与赢。

三、幼儿发展的个体差异

个体差异通常是指个性差异，也就是说个体之间在稳定的心理特点上的差异，一般是指在性格方面、在能力方面、在兴趣方面的差异。

同一年龄阶段的幼儿，在身体和心理方面均存在着发展的共同趋势和规律，可是对个体来说，其发展的速度、发展的优势领域、最终达到的发展水平等是有差异的。譬如，有的幼儿观察能力强，有的幼儿记性好；有的幼儿好动，有的幼儿喜欢安静；有的幼儿善于理性思考，有的幼儿长于形象思维；有的幼儿发育早，心理成熟早，有的幼儿发育晚，心理成熟晚；等等。个体在个性方面也存在不同，在智力、性格和性别方面也有差异。主要表现在以下方面：

1. 智力表现早晚的差异

智力是指人的大脑理解社会、进行日常生活能力的复杂程度。它是认知方面的各种能力，其核心成分是抽象思维能力。

人的智力表现早晚的差异，指智力的成熟有早晚之分，有些人早慧，有些人智力发展得较晚。

2. 性格的差异

心理学界通常按照不同的分类方法，将性格分为不同的类型。从心理机能上划分，性格可以分为理智型、情感型及意志型；从心理活动倾向性上划分，性格可以分为内倾型、外倾型及平衡型；从个体独立性上划分，性格可以分为独立型、顺从型、反抗型。其实每个幼儿都是一个独一无二的存在，他们都各自有着自己的性格，幼儿的不同性格对他们以后的成长都有着很大关系。

3. 性别的差异

性别差异是指不同性别所表现出来的稳定的、独特的心理特征。

男女性别差异主要来自社会实践和风俗习惯的不同，取决于他们的社会地位、教育、种族和职业。2~3岁的幼儿开始知道自己是男孩还是女孩，逐渐懂得男孩与女孩的区别。他们通过模仿同性别的人，逐渐出现性别角色的心理萌芽。男孩和女孩的性别角色偏好也有差异。男孩一般喜欢男性角色扮演，如超级英雄、警察、消防员等；女孩喜欢女性角色扮演，如公主、医生、老师等。

4. 学习类型的差异

学习类型是个人对学习情境的一种特殊反应倾向或者习惯方式，它主要包括认知风格、学习策略、内外控制点等。学习类型的差异通过个体的认知、情感、学习习惯等方面表现出来。幼儿阶段的学习类型存在很大的个体差异，主要表现为5种类型：视觉型，对这类幼儿而言学习内容如以图像形式呈现，他们的学习效果更好；听觉型的幼儿则对听觉形式的学习内容的学习效果更好；肢体型幼儿对操作性运动、体验或实验等学习的效果会更好；书面型幼儿更偏好自己去阅读学习；群体互动型的幼儿，偏好集体讨论、辩论。

总的来说，幼儿之间的个体差异反映了幼儿发展的多样性。每个幼儿因生物因素、环境条件及经历的不同，一定会形成个体的发展差异。此差异不仅可能表现在发展的速度、水平和优势领域方面，还反映在智力和各种非智力因素方面。幼儿教师应当用发展的、积极的眼光看待差异，才能真正做到尊重每个幼儿的发展权。

多元智能理论的创始人加德纳对智力差异的态度值得学习，他不是简单地将智力差异看作是"等级性"的，而是将它视为"结构性"的，也就是说，每个人都有自己的优势智力和独特的智力组合，都有自己的特点和风格，只要能发现和识别每个幼儿的智力潜力和特点，就能够用适合其风格和特点的方式来促进其学习与发展。所以，不存在所谓"差生"与不适合教育的幼儿，只存在不适合幼儿的教育。教育的目的就是发现和识别每个幼儿的智力特点，因材施教，以长补短，帮助他们实现富有个性的全面发展。

知识拓展

根据幼儿的个体差异，促进幼儿的个性发展

物理学家爱因斯坦说过："任何一种高尚的事物，不论是艺术还是科学成就，都来自独立的个性。"由此可见，个性对于万事万物的发展极其重要。让幼儿顺应个性并健康快乐地发展，是幼儿老师在教学中最重要的任务，也是最关键和最难以把握的事情。那么，如何才

能够做到真正关注幼儿的个体差异，从而促进幼儿的个性发展呢？在实践中，我们从这几方面着手。

1. 要从思想和心理上尊重并接受幼儿间存在个体差异

对在一线工作的幼儿教师来说，在活动中能深刻地体会到幼儿之间的差异，他们有的活泼好动，有的内向，有的幼儿各方面发展得比较均衡，有的幼儿擅长唱歌，有的幼儿绘画比较出色等。这样的例子举不胜举，100个幼儿就是100个样。当然，其中有一部分幼儿的能力相对比较弱，作为幼儿教师就应该接纳他们的差异，无论他们能力高低，都应当从心理上尊重他们的这些不同，用接受的态度对待幼儿。我们不能由于哪个幼儿综合素质较好就偏袒他，更不能够因某些幼儿的综合素质较差而忽视对其引导和教育。同时要避免用划一的标准来衡量每一个幼儿。

只有幼儿老师从心理和思想上接受了幼儿的个体差异，平等地对待每个幼儿，理解和接受他们之间的个体差异，才能在行动上有所改变。对幼儿来说他们每个人都是一台很敏锐的感应器，他们会感觉到教师的态度。幼儿教师的态度直接影响着幼儿的心理变化，好的影响会促进幼儿的个性发展，不好的影响会阻碍幼儿的个性发展。

2. 要认真观察，做好家园沟通

幼儿教师光从思想和心理上接受幼儿之间的差异是远远不够的，还要了解每个幼儿的特点。幼儿只有在活动中才会把自己真实的一面显露出来，幼儿教师只有耐心细致地观察聆听每个幼儿的声音，感受幼儿的一举一动，做到耐心倾听，努力理解幼儿的想法与感受，支持、鼓励幼儿大胆探索与表达，成为幼儿活动的参与者，经常同幼儿沟通，才能够走进幼儿的内心世界，了解每个幼儿的特点。

与此同时，了解幼儿最直接有效的办法，就是及时跟幼儿的父母取得联系。父母是幼儿的第一监护人，对幼儿的言行举止了解得一清二楚，有时候幼儿不愿意跟教师说的话，回去会跟父母说。幼儿教师要做到每天都要与幼儿的父母沟通，只要有机会就要多了解幼儿在家的状况。这样更有利于我们了解幼儿的特点，及时地调整对幼儿的教育，让我们的教育达到最好的状态。

3. 要针对不同特点的幼儿实施不同的教育

幼儿个体差异主要表现在其发展的特点、水平、速度以及方向上存在的不同，这则意味着幼儿在学习与成长过程中，他们的发展需求、学习倾向与方式均会存在差异，此差异为幼儿教师实施适宜的教育提供了科学的依据。

在班级里每个幼儿的发展水平都是不一样的，教师应尽可能针对不同发展水平的幼儿适当地调整活动要求，灵活机动地因材施教，以免用划一的标准来要求每个幼儿。譬如，某小班新来一个幼儿，胆小，性格内向，不适应幼儿园的生活。对这个幼儿来说，幼儿教师不能像对待其他幼儿一样提出要求，应该让他把情绪稳定下来，尽快适应幼儿园的生活，认真观察他一点一滴的进步，只要不哭闹，会独立吃饭，教师就要给予他鼓励和肯定。慢慢地提出更高的要求，等到与其他幼儿的发展水平差不多的时候，再将其渐渐融入到集体要求之中。

主题2 具备教育与保育知识

导语

《幼儿园教师专业标准》指出，要想做一名合格的幼儿教师，应当做到以下四点：一是了解幼儿园教育的目标、任务、内容要求和基本要求。二是掌握幼儿园各领域教育的学科特点与基本知识。三是掌握幼儿园环境创设、一日安排、游戏与教育活动、保育和班级管理的知识与方法。四是熟知幼儿园安全应急预案、掌握意外事故和危险情况下幼儿安全防护与救助的基本方法。

一、幼儿园教育的目标

1. 我国幼儿园教育的目标表述

我国幼儿园教育的目标是："对幼儿实施体、智、德、美等方面全面发展的教育，促进其身心和谐发展。"

2. 确定幼儿园教育目标的意义

（1）较集中反映了社会对学前教育的要求。

（2）更科学反映学前儿童身心发展的可能性和规律。

（3）直接影响幼儿园教育内容、任务、方法的确定与选择，它指导和支配着幼儿园的教育过程。

（4）作为一个评价标准来检验幼儿园教育工作。

3. 制定幼儿园教育目标的依据

（1）依据社会发展的客观要求。幼儿教育具有社会属性。教育是人类特有的社会活动，其职能是把人类历史上积累的知识、经验、技能、思维方式、精神文明、优良素质、民族传统等，有计划、有组织、有目的地传播给下一代，培养为社会服务的人。这种人类特有的社会活动，牵动着千千万万家庭，事关子孙后代的成长和国家民族的繁荣昌盛。

（2）依据幼儿身心发展规律及其需求。全面促进幼儿素质和谐发展是幼儿教育的中心任务。发展包括身体和心理两个方面，前者指身体的正常发育和体质的增强，后者指知识技能的获得——生活经验的丰富、智力才能的开发、思想品质的培养以及情感、兴趣、爱好、志向和性格发展等。由于幼儿"身""心"是一个有机统一的整体系统，因此必须保证二者同步、协调、和谐发展，即常说的"体、智、德、美全面发展"。幼儿身心发展是有规律的，既有连续性，又有阶段性。发展的实质是不断开发其个体潜能，即表现为各方面都由"现有发展区"向"最近发展区"不断发展的过程。如果对幼儿提出过高、过难或过低、过易的教育要求都违背幼儿身心发展规律，达不到发展其潜能的目的。因此，制定教育目标必须以幼儿身心发展的客观规律和要求为依据。

🌸 **知识拓展**

幼儿园教育的基本原则

教育的基本原则是反映教育规律的、在教育系统内部制约和指导教育工作的基本法则和标准。

幼儿园教育的基本原则包括两大部分：教育的一般原则和教育的特殊原则。

1．教育的一般原则

（1）尊重儿童的人格尊严和合法权益的原则。主要包括尊重儿童的人格尊严、保障儿童的合法权益。

（2）促进儿童全面发展的原则。儿童的发展是整体的发展而不是片面的发展，儿童的发展应是协调的发展，儿童的发展应是有个性的发展。

（3）面向全体，重视个别差异的原则。教育要促进每个儿童的发展，教育要促进每个儿童在原有基础上发展，多种组织形式促进儿童的发展。

（4）充分利用儿童、家庭、社会的教育资源的原则。

2．幼儿园教育的原则（教育的特殊原则）

（1）保教结合的原则。保育和教育是幼儿园两大方面的工作，保育和教育工作互相联系、互相渗透，保育和教育是在同一过程中实现的。

（2）以游戏为基本活动的原则。

（3）教育的活动性和活动的多样性原则。

（4）发挥一日活动整体教育功能的原则。一日活动中的各种活动不可偏废，各种活动必须有机统一为一个整体。

二、幼儿园的双重任务

按照《幼儿园教育指导纲要》，幼儿园的双重任务包括幼儿园对幼儿实施保育和教育以及幼儿园为家长工作、学习提供便利条件两部分。

1. 幼儿园对幼儿实施保育和教育

以幼儿园为代表的幼儿教育机构是我国对幼儿实施保育和教育的组织，幼儿园通过对幼儿实施体、智、德、美诸方面全面发展的教育，促进其身心和谐发展。由于幼儿身心发展的特点，幼儿园还需精心做好幼儿保育工作。

2. 幼儿园为家长工作、学习提供便利条件

幼儿园不仅负有教育幼儿的责任，而且负有为在园幼儿家长服务的任务。幼儿园保护和照顾幼儿，有利于解决家长因工作、学习而子女无人照顾的问题。通过完成这一任务，幼儿园显示出其他教育机能不可替代的教育功能，充分体现出幼儿园的特殊价值。

幼儿园通过完成双重任务来服务社会，对社会的政治、经济、文化等方面产生积极影响。

所以，双重任务可视为幼儿园实现自身的社会价值，体现了自身实现社会功能的具体途径。

知识拓展

新时期幼儿园双重任务的特点

1. 现代科学技术发展的要求

由于现代科学技术的高速发展使得社会进入以知识经济为主导的信息时代，信息化时代需要的人才是创新型的差异人才。这一切让教育面临前所未有的挑战。为此，幼儿教育必须从创新教育着手，对教育思想、内容、形式、方法等全面地进行改革，否则，幼儿园发展无法跟上时代的步伐，难以使幼儿成长为社会所需要的一代新人。

2．社会发展的要求

由于传统幼儿教育机构类型单一、服务范围狭窄、机制不灵活，在新的经济社会形势下，这种现状就不可避免地和社会的需求不相适应。因此，客观上要求各种幼儿教育机构在办园形式、管理制度、收托时间、保育范围、运作机制等各方面更灵活、更方便、更能适合家长工作、学习、生活方面的特点和需要。

3．家长对教育质量的要求

现在的幼儿家长绝大多数受过高等教育，具有较高的知识水平。他们通过所见所闻，对幼儿教育在人一生发展中的重要意义的认识不断地提高。所以，他们不仅希望孩子在幼儿园吃得好、长得好，更希望孩子能接受好的教育，幼儿园教育质量的高低成为家长最关心的问题。提高保育和教育质量成了幼儿园生存和发展的关键。幼儿园只有教育质量高，才会生源充足、家长满意，获得良好的社会效益。

三、幼儿园教育内容指引

1．设置原则

（1）课程设置注重幼儿各方面的发展。课程内容应包括客观世界粗浅的基础知识，基本活动方式、方法的知识和经验，发展智力与能力的知识和经验，培养情感态度的活动与经验等。

（2）课程内容的形态可以相对划分为健康、语言、社会、科学、艺术五个领域或体育、语言、社会、科学、音乐、美术六个学科等，也可以渗透到主题课程中去。

（3）课程应该是预成（教材或教师准备素材）和生成（根据幼儿兴趣产生）的结合，教学首先要完成预成的内容，在这个基础上依据教师的教学能力增加生成的比例。

（4）课程整合是一种课程设计思路而不是具体的课程模式。

（5）严禁使用学前班、小学化教材。

（6）严禁用读经诵典来完全替代幼儿语言教学。

（7）严禁以任何名义进行有损幼儿健康的比赛、表演或训练等。

（8）谨慎对待英语学习，准确定位其在课程中的位置，忌提双语教育。更多关注幼儿兴趣的培养。

2. 设置建议

（1）选用的教材要符合《幼儿园教育指导纲要》精神，尽量选择高水准出版社的教材。例如，人民教育出版社、北京师范大学出版社、南京师范大学出版社等出版社的教材。

（2）使用教材时必须结合本园实际进行调整，避免生搬硬套。

（3）要搞清楚"单元主题"和"主题探究"的区别，前者是预设的课程，主要是指在一定时期内，幼儿的学习有一个主题，所有学习活动都围绕着这个主题来进行。后者强调以幼儿的兴趣为中心，引导幼儿进行探究，它是生成的课程。

知识拓展

幼儿的教育内容与要求

我国幼儿园教育的内容主要是依据《幼儿园教育指导纲要》。《幼儿园教育指导纲要》对幼儿的教育内容与要求作出如下的规定。

幼儿园的教育内容是全面的、启蒙性的，可以相对划分为健康、语言、社会、科学、艺术等五个领域，也可作其他不同的划分。各领域的内容相互渗透，从不同的角度促进幼儿情感、态度、能力、知识、技能等方面的发展。

（一）健康

1．目标

（1）身体健康，在集体生活中情绪稳定、愉快。

（2）生活、卫生习惯良好，有基本的生活自理能力。

（3）知道必要的安全保健常识，学会保护自己。

（4）喜欢参加体育活动，动作协调、灵活。

2．内容与要求

（1）建立良好的师生、同伴关系，让幼儿在集体生活中感到温暖，心情愉快，形成安全感、信赖感。

（2）与家长配合，根据幼儿的需要建立科学的生活常规。培养幼儿良好的饮食、睡眠、盥洗、排泄等生活自理能力。

（3）教育幼儿爱清洁、讲卫生，注意保持个人和生活场所的整洁和卫生。

（4）密切结合幼儿的生活进行安全、营养和保健教育，提高幼儿的自我保护意识和能力。

（5）开展丰富多彩的户外游戏和体育活动，培养幼儿参加体育活动的兴趣和习惯，增强体质，提高对环境的适应能力。

（6）用幼儿感兴趣的方式发展基本动作，提高动作的协调性、灵活性。

（7）在体育活动中，培养幼儿坚强、勇敢、不怕困难的意志品质和主动、乐观、合作的态度。

3．指导要点

（1）幼儿园必须把保护幼儿的生命和促进幼儿的健康放在工作

的首位。树立正确的健康观念，在重视幼儿身体健康的同时，要高度重视幼儿的心理健康。

（2）既要高度重视和满足幼儿受保护、受照顾的需要，又要尊重和满足他们不断增长的独立要求，避免过度保护和包办代替，鼓励并指导幼儿尝试自理、自立。

（3）健康领域的活动要充分尊重幼儿生长发育的规律，严禁以任何名义进行有损幼儿健康的比赛、表演或训练等。

（4）培养幼儿对体育活动的兴趣是幼儿园体育的重要目标，要根据幼儿的特点组织生动有趣、形式多样的体育活动，吸引幼儿主动参与。

（二）语言

1．目标

（1）乐意与人交谈，讲话礼貌。

（2）注意倾听对方讲话，能理解日常用语。

（3）能清楚地说出自己想说的事。

（4）喜欢听故事、看图书。

（5）能听懂和会说普通话。

2．内容与要求

（1）创造一个自由、宽松的语言交往环境，支持、鼓励、吸引幼儿与教师、同伴或其他人交谈，体验语言交流的乐趣，学习使用适当的、礼貌的语言交往，教幼儿在不同的时候会用不同的礼貌语言。

（2）养成幼儿注意倾听的习惯，发展语言理解能力。

（3）鼓励幼儿大胆、清楚地表达自己的想法和感受，尝试说明、描述简单的事物或过程，发展语言表达能力和思维能力。

（4）引导幼儿接触优秀的儿童文学作品，使之感受语言的丰富和优美，并通过多种活动帮助幼儿加深对作品的体验和理解。

（5）培养幼儿对生活中常见的简单标记和文字符号的兴趣。

（6）利用图书、绘画和其他多种方式，引发幼儿对书籍、阅读和书写的兴趣，培养前阅读和书写技能。

（7）提供学习普通话的语言环境，帮助幼儿熟悉、听懂并说普通话。少数民族地区还应帮助幼儿学习本民族语言。

3．指导要点

（1）语言能力是在运用的过程中发展起来的，发展幼儿语言的关键是创设一个能使他们想说、敢说、喜欢说、有机会说并能得到积极应答的环境。

（2）幼儿语言的发展与其情感、经验、思维、社会交往能力等其他方面的发展密切相关。因此，发展幼儿语言的重要途径是通过互相渗透的各领域的教育，在丰富多彩的活动中去扩展幼儿的经验，提供促进语言发展的条件。

（3）幼儿的语言学习具有个别化的特点，教师与幼儿的个别交流，幼儿之间的自由交谈，对幼儿语言发展具有特殊意义。

（4）对有语言障碍的幼儿给予特别关注，要与家长和有关方面密切配合，积极地帮助他们提高语言能力。

（三）社会

1．目标

（1）能主动地参与各项活动，有自信心。

（2）乐意与人交往，学习互助、合作和分享，有同情心。

（3）理解并遵守日常生活中基本的社会行为规则。

（4）能努力做好力所能及的事，不怕困难，有初步的责任感。

（5）爱父母长辈、老师和同学，爱集体、爱家乡、爱祖国。

2．内容与要求

（1）引导幼儿参加各种集体活动，体验与教师、同伴等共同生活的乐趣，帮助他们正确认识自己和他人，养成对他人和社会亲近、合作的态度，学习初步的人际交往技能。

（2）为每个幼儿提供表现自己长处和获得成功的机会，增强其自尊心和自信心。

（3）提供自由活动的机会，支持幼儿自主地选择、计划活动，鼓励他们通过多方面的努力完成活动。

（4）在共同的生活和活动中，以多种方式引导幼儿认识、体验并理解基本的社会行为规则，学习自律和尊重他人。

（5）教育幼儿爱护玩具和其他物品，爱护公物和公共环境。

（6）与家庭、社区合作，引导幼儿了解自己的亲人以及与自己生活有关的各行各业人们的劳动，培养其对劳动者的热爱和对劳动成果的尊重。

（7）充分利用社会资源，引导幼儿实际感受祖国文化的丰富与优秀，感受家乡的变化和发展，激发幼儿爱家乡、爱祖国的情感。

（8）适当向幼儿介绍我国各民族和世界其他国家、民族的文化，使其感知人类文化的多样性和差异性，培养理解、尊重、平等的态度。

3．指导要点

（1）社会领域的教育具有潜移默化的特点，幼儿社会态度和社会情感的培养尤其应渗透在多种活动和一日生活的各个环节之中，要创设一个能使幼儿感受到被接纳、关爱和支持的良好环境，避免单一呆板的言语说教。

（2）幼儿与成人、同伴之间的共同生活、交往、探索、游戏等，是其社会学习的重要途径。应为幼儿提供人际间相互交往和共同活动的机会和条件，并加以指导。

（3）社会学习是一个漫长的积累过程，需要幼儿园、家庭和社会密切合作、协调一致，共同促进幼儿良好社会品质的形成。

（四）科学

1．目标

（1）对周围的事物、现象感兴趣，有好奇心和求知欲。

（2）能运用各种感官，动手动脑，研究问题。

（3）能用适当的方式表达、交流探索的过程和结果。

（4）爱护动植物，关心周围环境，亲近大自然，珍惜自然资源，有初步的环保意识。

2．内容与要求

（1）引导幼儿对身边常见事物和现象的特点、变化规律产生兴趣和探究的欲望。

（2）为幼儿的探究活动创造宽松的环境，让每个幼儿都有机会参与尝试，支持、鼓励他们大胆提出问题，发表不同意见，学会尊重别人的观点和经验。

（3）提供丰富的可操作的材料，为每个幼儿都能运用多种感官、多种方式进行探索提供活动条件。

（4）通过引导幼儿积极参加小组讨论、探索等方式，培养幼儿合作学习的意识和能力，学习用多种方式表现、交流、分享探索的过程和结果。

（5）引导幼儿对周围环境中的数、量、形、时间和空间等现象产生兴趣，建构初步的数的概念，并学习用简单的数学方法解决生活和游戏中某些简单的问题。

（6）从生活或媒体中幼儿熟悉的科技成果入手，引导幼儿感受科学技术对生活的影响，培养他们对科学的兴趣和对科学家的崇敬。

（7）在幼儿生活经验的基础上，帮助幼儿了解自然、环境与人类生活的关系。从身边的小事入手，培养初步的环保意识和行为。

3．指导要点

（1）幼儿的科学教育是科学启蒙教育，重在激发幼儿的认识兴趣和探究欲望。

（2）要尽量创造条件让幼儿实际参加探究活动，使他们感受科学探究的过程和方法，体验发现的乐趣。

（3）科学教育应密切联系幼儿的实际生活进行，利用身边的事物与现象作为科学探究的对象。

（五）艺术

1．目标

（1）能初步感受并喜爱环境、生活和艺术中的美。

（2）喜欢参加艺术活动，并能大胆地表达自己的情感和体验。

（3）能用自己喜欢的方式进行艺术表现活动。

2．内容与要求

（1）引导幼儿接触周围环境和生活中美好的人、事、物，丰富他们的感性经验和审美情趣，激发他们表现美、创造美的情趣。

（2）在艺术活动中面向全体幼儿，要针对他们的不同特点和需要，让每个幼儿都得到美的熏陶和培养。对有艺术天赋的幼儿要注意发展他们的艺术潜能。

（3）提供自由表现的机会，鼓励幼儿用不同艺术形式大胆表达自己的情感、理解和想象，尊重每个幼儿的想法和创造，肯定和接纳他们独特的审美感受和表现方式，分享他们创造的快乐。

（4）在支持、鼓励幼儿积极参加各种艺术活动并大胆表现的同时，帮助他们提高表现的技能和能力。

（5）指导幼儿创设展示自己作品的条件，引导幼儿相互交流、相互欣赏、共同提高。

3．指导要点

（1）艺术是实施美育的主要途径，应充分发挥艺术的情感教育功能，促进幼儿健全人格的形成；要避免仅仅重视表现技能或艺术活动的结果，而忽视幼儿在活动过程中的情感体验和态度倾向。

（2）幼儿的创作过程和作品是他们表达自己的认识和情感的重要方式，应支持幼儿富有个性和创造性的表达。克服过分强调技能技巧和标准化要求的偏向。

（3）幼儿艺术活动的能力是在大胆表现的过程中逐渐发展起来的，教师的作用应主要在于激发幼儿感受美、表现美的情趣，丰富他们的审美经验，使之体验自由表达和创造的快乐。在此基础上，根据幼儿的发展状况和需要，对表现方式和技能技巧给予适时、适当的指导。

四、幼儿卫生保健

幼儿正处于身心快速成长发育与发展的时期，身心各方面的机能还没有成熟，对外界的适应能力较差，对疾病的抵抗能力比较弱。

所以，做好幼儿的卫生保健工作，提高幼儿的健康水平，是一项极其重要的工作，关系到一代人的身体素质。幼儿教师在对幼儿进行教育时，应该认真做好卫生保健工作，防止和消除不利于幼儿成长发育的种种因素，为幼儿提供合适的生活和学习环境。

1. 认真做好卫生保健工作

（1）把好本学期新入园幼儿的体检关。对于新入园幼儿，应确保其持有体检证以及免疫接种证并且体检合格后才能入园；做好幼儿计划免疫接种以及漏补种登记工作，做好老生的学期初体检工作，加强对体弱幼儿、肥胖幼儿的管理登记，并建立管理档案。

（2）严格把好晨检关，严格按照"一摸、二看、三问、四查"的制度进行晨检。摸摸有无发烧，看看精神状态、面色，皮肤有无皮疹，发现可疑者及时隔离；问问饮食、睡眠、大小便情况；检查有无携带不安全物品，发现后及时处理。并且每天做好幼儿自带药记录工作，按时发药、喂药，做好幼儿的全天观察记录。

（3）做好幼儿健康护理工作。加强通风、消毒工作的同时，调配饮食，增加时令菜如白萝卜、菠菜及大白菜等的食用率。加大幼儿饮水量，坚持每天2小时的户外活动，活动中注重幼儿护理，以增强幼儿机体的防病和抗病能力。

（4）严格执行《食品卫生法》，成立膳食委员会，广泛听取教师、幼儿和家长的意见，并根据季节、气候特点对食谱进行科学合理的调整。科学合理地制定一周食谱，尽量增加食谱的花样，并保证营养的均衡，做到粗细、甜咸、干稀搭配合理。

（5）丰富家园交流手段，定期出好园内宣传橱窗，及时根据季节变化更换"保育之窗"的内容，向家长介绍一些育儿小知识。

2. 落实各项安全防护措施

（1）严格落实安全检查制度，每月不定期地对园内的水、电、大型玩具、活动场地等进行安全检查，发现问题及时整改，确保幼儿在园安全。

（2）努力做好安全保护工作，严格执行园门开关制度和幼儿接送制度，对可疑者来园接幼儿要详细询问并登记，防止意外事故的发生。

（3）加强幼儿的安全教育，要求各班教师要认真负责，制定规则。针对一些常见问题向幼儿介绍自我保护的方法，提高幼儿自我保护能力。杜绝骨折、烫伤、走失等事故的发生，确保幼儿的身体健康和生命安全，每天如实填写安全教育内容。

（4）园长、保健人员不定期地检查各班的午餐、午睡情况，督促各班老师加强幼儿的管理。

3. 加强各班清洁、消毒工作的管理

（1）督促各班严格执行卫生消毒制度，各班按照物品消毒的常规要求对班内的积木、图书、茶杯、毛巾等物品定期进行清洗、消毒，并做好记录。在传染病流行期间增加消毒次数。

（2）实行每人一巾、一杯专用制度，各班做好标记。

（3）保教人员认真做好玩具、被褥、活动室、午睡室的消毒工作等。平时做到一日一小扫，每周一大扫，园内无纸屑、果壳，室内物品摆放整齐，窗明地净，走廊、楼梯地面整洁、无死角，厕所无污垢、无异味。

（4）做好春夏季流行病的预防工作，对体弱幼儿加强检疫，防止流感、手足口病等流行病的蔓延。要求对有病患儿所在班级的玩具、物品彻底消毒、暴晒。

4. 做好幼儿一日生活常规的培养

（1）努力做好保中有教、教中有保、保教结合，加强对幼儿生活各环节的管理，培养幼儿良好的生活、卫生、学习习惯。注意观察幼儿的神态、情绪，发现异常及时询问。

（2）在管理幼儿的午餐、午睡等保育工作中，要因班而异、因人而异，采取一些行之有效的方式方法，要注重幼儿良好行为习惯的培养。纠正幼儿偏食、挑食、边吃边玩等问题，精心照顾好幼儿午睡，做到不离岗，及时帮幼儿盖被子等。在各种活动中激发幼儿的活动兴趣，加强幼儿的自律性，培养幼儿良好的活动习惯。

（3）帮助幼儿养成进食前或入厕后用洗手液洗手的习惯。特别是刚入园的小班幼儿，教师要及时教会幼儿洗手的方法并持之以恒，以养成良好的卫生习惯。

知识拓展

幼儿园卫生工作计划

1. 基本状况

本园一共有139名幼儿，这些幼儿在入园前都进行了体检，状况良好。中大班的幼儿经过幼儿园集体生活的锻炼和学习，已有了良好的卫生习惯和自理能力，免疫力明显提高。但新入园的幼儿对幼儿园的日常规范不熟识，卫生习惯、自理能力、自我爱护意识都比较差。全体教职员工都能依据幼儿的身体和心理的特点，做到保教并重，努力为幼儿创设平安、舒适的学习生活环境。

2．详细目标

进一步加强卫生保健工作，严格贯彻有关保健工作的规章制度，强化全体教职员工保教结合的意识，切实提高保健人员的专业素养，并贯彻实行"预防为主"的方针，实施科学育儿，全面规范保育工作，把保教相结合的原则贯穿在幼儿的一日生活之中。为幼儿创设良好的精神环境和物质环境，培育良好的卫生习惯，提高幼儿的生活自理能力，增加幼儿对疾病的抗病能力和对环境的适应能力，杜绝事故的发生。严格执行卫生消毒制度，合理搭配幼儿膳食，保证幼儿必需的养分，让幼儿的身心得到健康成长。真正符合卫生保健合格园的标准。

3．详细措施

（1）使小班新生尽快适应和习惯晨检，做到不漏检，并仔细做好晨检检查、登记工作。

（2）科学地安排好幼儿的一日生活，做到动静交替，室内外活动的时间分配平衡合理。

（3）做好秋季流行病的防治工作。以防为主，发现病儿及早隔离治疗。

（4）制定并严格执行卫生消毒时间表，建立责任制，分工包干，明确要求，定期清扫，定时消毒，定时检查。

（5）准时做好各项账册的登记工作。

（6）持续优化幼儿的膳食供应服务，在留意色、香、味的同时，充分考虑营养的合理搭配。

（7）办好"膳管会"，积极吸取多方看法，更好地为幼儿服务。

（8）对各班的保育工作实行定期和不定期抽查，以监督保育工作真正有效地落到实处。

主题3 关注通识性知识的重要价值

导语

在幼儿教师的专业知识结构中，通识性知识是指支撑和保障其有效开展幼儿教育和保育工作，促进其专业不断发展的广博知识。《幼儿园教师专业标准》中明确提出幼儿教师应掌握的通识性知识包括："具有一定的自然科学和人文社会科学知识；了解中国教育的基本情况；具有相应的艺术欣赏与表现知识；掌握幼儿园各领域教育的特点与基本知识；具有一定的现代信息技术知识。"这些知识对促进幼儿教师自身文化素养持续发展，提高幼儿教师保教工作质量起到基础性的作用。

一、幼儿教师应具备的自然科学知识

自然科学是一门应用观察与实验的经验证据作为基础，对自然现象加以描述、理解和预测的科学分支。它将自然世界作为研究对象，其分支学科可以分为生命科学、物理学、环境科学等学科。它是人类改造自然的实践经验的总结，其发展决定于生产的发展。自然科学知识的学习有助于幼儿教师掌握幼儿科学教育中所必需的内容知识。实际上，幼儿教师只有掌握了基本的自然科学知识，才能指导幼儿探究活动的方向，帮助幼儿感受自然科学的奇妙，体验发现的快乐。幼儿园实施科学教育的主要途径之一是科技活动课。幼儿教师必须具有广泛的自然科学知识，并具备持续吸收最新科技信息的能力，以及掌握操作技能的主动性和积极性。

一是在科学教育中，幼儿教师应具有广博的自然科学知识，才能自如地、深入浅出地指导幼儿的科学探索活动，帮助幼儿获取周围物质世界的广泛的科学经验，或在感性经验的基础上形成初级的自然科学概念。比如开展"有趣的叶子""奇妙的根""多种多样的茎"这样的科技活动课，需要幼儿教师清楚植物的叶、根、茎的有关知识。假如幼儿教师本身不了解植物叶的种类、根茎的划分等知识，就应当事先查阅相关资料，明确有关概念和知识点，做到心中有数。否则，这样的科技活动课根本无法开展。一个人的知识毕竟是有限的，只有不断地充实自己，才能跟得上社会的发展。

二是幼儿科学教育内容是以幼儿周围世界的自然科学现象、科技产品的原理等为主要内容的，必须既有幼儿感兴趣且适合他们的传统教材，又有能体现当今科技社会、反映科学技术发展、社会文明进步的新内容。自然界中的春华秋实、斗转星移等，都会引起幼儿无限的好奇与遐想。虽然从表面来看是习以为常的现象，但它们却蕴藏着许多科学的原理，这是大自然给予我们的活教材。随着科学技术的迅速发展，目前我们的生活已经被极大地改变了，从衣食住行到家用电器以及通信工具均体现着高科技的成果，这一切都被呈现于幼儿的周围世界。这就要求幼儿教师应当主动地去吸取科技信息，及时地将科技信息传播给幼儿，让生活在当今科技时代的幼儿能认识一些科技产品并了解它们的作用，适应现代社会，激发他们对现代科技的好奇心和探索欲望。然而幼儿教师应学习的自然科学知识不仅仅是简单罗列的科学事实，也不仅仅是零散、偶然的科学知识，最关键的是学习和掌握自然科学知识体系当中的核心概念，探究和表达科学知识的方法、自然科学的基本理论体系以及科学观。

只有幼儿教师自身建立了正确的科学观，才能在科学的世界观引导下，以实事求是的态度与幼儿一起进行探索和学习；只有幼儿教师掌握了科学探究的方法（观察、猜想、推理、交流等），才能更好地反思与改进自身的教育教学，支持幼儿进行科学探索，培养幼儿科学探索的方法和精神。

二、幼儿教师应具备的人文社会科学知识

人文社会科学知识是人文科学知识与社会科学知识的总称。人文科学知识是那些探讨人的生命存在与生命活动的知识，即人的本质的知识；社会科学知识是探讨人的生命存在与生命活动在不同方面的表现，即人的行为的知识。

人文科学知识包含文学、历史学、语言学、哲学等学科知识，社会科学知识则包含法律学、社会学、经济学、政治学等学科知识。人文社会科学的学习有助于幼儿教师提高文化修养，树立正确的人生价值取向和理想追求，塑造丰富的精神世界。所谓"腹有诗书气自华"，丰富的人文社会科学知识的积累无疑能提高幼儿教师的文化气质。

幼儿教育从某种意义而言，是一种极具人文精神和人道主义的事业，幼儿教师的工作是在平凡之中显示出其价值。人文社会科学知识有助于增强幼儿教师对本身工作的认同感，能促进其更好地理解幼儿教育工作的意义和价值。与此同时，人文社会科学知识也是幼儿教师教学内容知识的基础。譬如，幼儿教师对历史学研究方法和核心概念的学习，有利于幼儿教师支持幼儿学习、记录、讨论发生在他们生活中的变化，回忆和体验他们亲历的"历史"，激发幼儿"爱家乡、爱祖国"的真情实感。

幼儿教师对人文社会科学知识的学习是重要的。利用网络、电视、广播、博物馆等多种形式掌握必要的人文社会科学知识，以丰富自己的文化底蕴，并在这个基础上，深化和理解幼儿教育的内容，开发幼儿教育的课程资源，开展富有成效的教育教学。

三、幼儿教师应具备的艺术素养

艺术素养是指欣赏、感受、认知和表现舞蹈、音乐、雕塑、绘画、文学、戏剧等艺术形式的能力。然而在幼儿教育实践中，却长期存在着把幼儿教师的艺术素养等同于"吹、拉、弹、唱、跳"等技能的误区，忽略了艺术素养应是一种深刻的思想、自由的精神、独立的人格以及正确的审美价值观，是鉴赏美、感受美和创造美的能力。

一是艺术素养之于幼儿教师的重要性体现在与幼儿教育内容和幼儿学习特点的密切关系上。幼儿的思维处在直觉行动思维和具体形象思维阶段，幼儿教师运用一些艺术化的表现手法，比如舞蹈、音乐、美术的形式展开幼儿教育活动，或以艺术形式创设幼儿园环境，如此更符合幼儿思维的特点，更能引发幼儿的学习兴趣，从而促进幼儿感受、欣赏和表现美的能力的发展。

二是提升艺术素养是幼儿教师个人审美观念、精神境界升华以及创新性表达的需求。幼儿教师必须理解艺术审美与创造的本质，在艺术的熏陶下，提高自己的审美情趣和道德修养，把自己塑造为美的使者。

三是艺术与创造之间存在着天然的联系，艺术领域充满着不拘一格、天马行空的想象，真正地掌握了艺术本质的幼儿教师设计和组织的教育活动，必然会把支持和鼓励幼儿的自由表达与创造作为基本追求。

四、幼儿教师应具备的现代信息技术知识

现代信息技术的提高是当今教育信息化发展的必然趋势，各种教育掀起了教育信息化的热潮，也包括幼儿教育在内。因而幼儿教师除了要掌握现代教育理念，信息技术能力也成了专业素养的重要组成部分。那么，幼儿教师应具备哪些信息技术呢？

1. 视听技术

视听技术与传统教学手段相比较，对辅助教学来说具有明显的优势性。视听技术是将图像视听、语音都集成在一起的信息技术。在幼儿教育中最常用的是音乐、语音故事、动画视频。在幼儿欣赏音乐与故事的同时，也能很方便地对图像、声音、色彩等信息进行存储加工、变换，更好地把各种信息结合在一起，有了直观的图像引导，幼儿就能够自由地发挥自己的想象，感受到视听技术带来的无穷魅力。

在选择视听技术的时候，幼儿教师要按照幼儿的身心发展特点来充分发挥教育技术的作用。比如，小班幼儿的年龄偏小，注意力集中时间较短。在开展游戏活动时，就可以巧妙利用视听的技术来吸引幼儿的注意力，激发幼儿参与活动的兴趣。

2. 计算机技术

计算机技术为幼儿教师的教学手段和方法提供了很好的平台，让教学活动进入一个新的境界。在幼儿教育中引进计算机技术不仅可以减轻教师的教学负担，而且可以为幼儿营造良好的、轻松的、有趣的生活学习环境。因此，幼儿教师只有将计算机技术有效地整合到工作中去，才能让各种资源更加丰富，才能让教育渠道更加多样化。

3. 多媒体技术

多媒体技术是运用电脑、影像、动画、图形、声音以及视频等各

种媒体信息，以数字化的方式将其集合在一定的交互式界面上，让电脑具有交互展示不同媒体形态的能力。多媒体技术可以协助幼儿教师丰富教学手段，让游戏活动充满信息量，使其更为生动、有趣。

4. 网络技术

网络技术是幼儿教师在工作中最常见的一种技术。幼儿教育需要教师、家长共同来完成，而网络技术给家园共育的工作带来很大的便捷，它不但可以创建班级群来实现家园的合作交流，还能为幼儿教师学习通识性知识提供很好的平台。

网络技术可以通过"共享"功能上传或下载有价值的资源、信息等。家长可根据教师与家长、家长与家长之间的交流讨论的结果选择适合自己孩子成长的育儿方式，从而充分发挥网络技术的教育作用。

知识拓展

幼儿教师学习通识性知识的途径

通识性知识具有一定的时代性，重在学习途径。幼儿教师学习通识性知识的途径在于不断地阅读学习。

学习是现代人的第一需要，是每位幼儿园教师的人生必修课。教育部颁布的《教师教育课程标准》明确指出："教师是终身学习者，教师专业发展是一个不断完善的过程，需要教师进行终身的专业学习。"而专业学习只有与专业需求和专业发展紧密结合，才能实现学习效果的最优化。幼儿教师如何在有限的时间内掌握能够支撑专业发展的广博的通识性知识，提升自身的文化底蕴，最重要的途径就是学会自主读书，学会"读好书"和"会读书"。

"读好书"是指幼儿教师在广泛阅读和学习各领域知识时，要多选读相关的经典作品。由于经典作品能够为我们搭建起走向人文、科学、艺术和美学知识的阶梯，开拓我们生命的维度，让我们触摸到人性的高度，这正是幼儿教师专业知识、专业品质和教育智慧形成、发展的基础，也是幼儿教师专业水平提升的必备条件。只有这样，幼儿教师才能远离平庸和世俗，才能真正地成长起来。

"会读书"是指幼儿教师在阅读学习时，一是要选用贴近幼儿教师工作需求的著作或作品，这样能够增强作品的亲切性和可感性；二是要重视将作品和生活结合起来读，注重与作品的对话和对作品的反思，并将它们升华为一种强烈的信念；三是要将阅读感悟和反思渗透、融合进保教实践活动中，从而进一步深化理解，并在做、学、思的循环过程中，为幼儿创造一种真实、高雅、和谐的教育氛围和环境，以促进幼儿健康和谐发展为最终目的。

专题三

幼儿教师的专业能力

　　教师的专业能力是保障教师开展教育教学的各种能力的总和。幼儿教师的专业工作涉及保育、教育的各个方面，支持并服务于幼儿在园的各种活动，都是幼儿教师的专业工作范围，因此，幼儿教师的专业能力由多个部分组成。我国《幼儿园教师专业标准》将幼儿教师专业能力划分为注重幼儿园教育环境的创设与利用、以一日生活的组织能力为基础、以游戏活动为主导、以教育活动的计划与实施为主责、提升激励与评价能力、强调幼儿教师的沟通与合作能力、注重培养幼儿教师的反思能力。

主题1 注重幼儿园教育环境的创设与利用

导语

　　幼儿园的物质环境和精神环境对幼儿学习与发展产生重要的影响。因此，幼儿教师应当具备幼儿园环境创设与利用的能力。这包括三项能力要求：一是构建良好的师幼关系，协助幼儿形成良好的同伴关系，让幼儿感到温暖和快乐。二是构建班级秩序与规则，营造良好的班级氛围，让幼儿感到安全、舒适。三是创设有利于促进幼儿成长、学习、游戏的教育环境。

一、幼儿园环境的概念

　　环境是人类赖以生存与发展的社会和物质条件的综合体，它是人类生活的场所，是人的发展的外部条件，对人具有直接的影响。幼儿园环境有广义和狭义之分。广义的幼儿园环境是幼儿园教育赖以进行的所有条件的总和，不仅包括幼儿园内部小环境，还包括幼儿园外部大环境，幼儿园外部大环境包括自然、文化、家庭、社会等。狭义的幼儿园环境是指幼儿园中对幼儿身心发展产生影响的所有物质与精神要素的总和。

　　幼儿园环境按照性质来划分，可以分为物质环境与精神环境两大类。物质环境可以分为自然物质环境和社会物质环境。自然物质环境是指幼儿园种种自然条件的总和；社会物质环境主要由幼儿园的活动室、户外活动场地、各种设备和活动材料、空间结构与环境布置等要素构成。精神环境具体是指幼儿与教师之间、教师之间、幼儿之间的人际关系及幼儿园的班风、园风等精神氛围。

知识拓展

幼儿园环境对幼儿发展的重要作用

幼儿园的环境就好比幼儿教师对幼儿的认知有启发作用，让他们处于主动探究的状态，在多种尝试中利用材料、发现问题、解决问题，从而使幼儿获得对世界的认识；幼儿园环境也是幼儿与幼儿、幼儿与教师、幼儿与物体之间互动的重要因素，对幼儿的社会性发展有着潜在的深刻影响。

1. 促使幼儿认知能力的发展

行为心理学家沃森说过："人的行为是刺激—反应连接，可以通过刺激预测反应，也可以通过反应预测刺激。"幼儿的认知是在与周围环境的互动过程中持续发展的。幼儿园环境作为幼儿发展的刺激条件，能够有目的地塑造幼儿的一些行为。一旦幼儿园环境的营造有了确切的导向，它就能够影响或促进幼儿特定方面的发展。譬如角落活动，幼儿教师通过地板上的小脚印提示角落的活动数量。这个地面的产生是对幼儿行为的预期，即暗示进入角落的人数与脚印数一致。很明显，在此种情况下，环境能够代替教师的指令，成为行为习惯的提醒。按照幼儿的学习兴趣和内容，可以在幼儿园的走廊和教室里展示幼儿的学习内容或成果，还可以在环境中创设问题情境。通过环境可以激发幼儿的兴趣，呈现学习内容，延伸到学习活动中去，发挥它的干预功能。

2. 促使幼儿社会性的发展

所谓幼儿社会化，是指幼儿在一定的社会条件下，渐渐独立地掌握社会规范，正确地处理人际关系，妥善地管理自己，从而客观地适应社会生活的心理发展过程。幼儿社会性的发展是在一定的环境中得以实现的。

幼儿与幼儿、幼儿与教师、幼儿与物体之间的交流缺少不了环境的支持与介入。幼儿园环境的许多方面，例如环境布置的内容及其营造的氛围、活动空间的安排及活动材料的投放等，会通过影响幼儿在交往过程中的情绪状态、交往对象的数量等来影响幼儿社会性的发展。比如，幼儿园的教室内部可分隔成大小不同的区域，方便幼儿在人数不同的小组中进行合作式学习，让幼儿与同伴之间的沟通、竞争与合作更容易一些，也方便幼儿教师进行观察、倾听和记录；区角内的各种工具、材料和设备应放在幼儿触手可及的地方，让幼儿们在那里选择自己喜欢的材料，用自己喜欢的姿势自由自在地、全神贯注地进行学习和探索；在幼儿园的楼梯下、走廊尽头或是教室的一角设置私密空间，来满足幼儿到这个小空间里安静地休息，或者与同伴谈心，让内心获得一种释放或安慰；等等。如同马拉古兹所说："教育则是由复杂的互动关系所组成，也只有'环境'中的各个元素参与进去，才是种种互动关系实现的决定性关键。"

此外，幼儿在与同伴、教师、家长共同创设环境的过程中，幼儿与同伴进行交流和合作，表达自己在遭遇困难、疑问时沮丧、郁闷，以及完成任务后的愉快等，幼儿在这一过程中渐渐地了解人际交往的规范和技巧，从而渐渐地适应社会生活。

二、幼儿园环境创设的内容

1. 区域活动环境的创设

很多实践表明，幼儿最热衷于区域活动，能主动参与到户外游戏活动中。此教学活动与幼儿活泼好动的性格特征相符合，还可以实现培养幼儿认知能力及动手能力的教学目标。例如，某幼儿园中班的教师在开展传统竹编教育教学时，这个幼儿教师组织班级的幼儿去幼儿园的竹子种植区采集竹子掉落的枝叶，当作区域活动的材料，有利于幼儿环保意识的培养。

2. 室内功能区环境的创设

即便幼儿热衷于户外活动，而室内教学依然是幼儿园的主要教学方式，可以培养幼儿的纪律性，为幼儿以后的学习奠定良好的基础。所以，幼儿教师需要重视室内功能区环境的创设，加强室内教学的有效性。例如，以音乐角为例，幼儿教师需要在功能区为幼儿准备铃鼓、木鱼以及串铃等多种打击乐器，培养幼儿对音乐的兴趣，有利于幼儿音乐素养的培养。

3. 精神人文环境的创设

对幼儿园教育环境来说，幼儿教师不但要创设良好的物质环境，为幼儿教学的开展打下良好的基础，而且需要注重精神人文环境的创设，调动幼儿参与教学的积极性，为幼儿带来更为丰富的精神体验。幼儿具备极强的模仿能力，在日常生活中体现出的行为习惯，极可能是从教师或者长辈身上模仿来的。因此幼儿教师需要注重自身的行为规范，为幼儿树立良好的榜样，培养幼儿好的行为习惯。例如，引导幼儿不随手乱扔垃圾、饭前便后洗手、认真吃饭等。

知识拓展

幼儿园环境创设的基本要求

幼儿园环境的创设必须从教育价值、幼儿主体性、主题氛围、对话互动、材料投放、美感布局、适宜性、经济实用、特色创新等方面进行。

1. 环境创设要有针对性

环境创设必须要与教育目标相一致，创设与单元主题或者学期主题相关的环境。力求以幼儿的兴趣、需要为出发点，环境的设置与材料的投放要有针对性，充分地呈现出环境的教育价值。

2. 环境创设要具有适宜性

环境创设要符合幼儿年龄特点、认知水平以及知识经验，适合该幼儿园、该班级的特色，充满着深厚的童真和童趣，让环境中一点一滴的创设均洋溢着幼儿教育独特的文化内涵，来满足每个幼儿的需要。

3. 环境创设要体现主体性

环境的设计、布置和应用均应当从幼儿实际出发，做到直观、真实、生动，都应当有幼儿参与，体现出最大的开放性。这样使得幼儿成为环境中的主人，体现出师幼之间的交流，让环境成为幼儿寄托心愿、宣泄情感、体验成功、展示自我的平台。

4. 环境创设要体现丰富性与启发性

环境创设必须要最大限度地利用空间，将平面布置与立体布置结合起来。要充分利用活动区域为幼儿提供能引起幼儿探究欲望的丰富的物质材料，并能激发幼儿利用环境中的信息和材料进行积极的思考和探索。

三、幼儿园环境创设的策略

1. 室内环境设计方法

幼儿园的室内墙饰布局要合理，每面墙壁设计什么板块，幼儿教师要做到心中有数。比如，教室后面的主墙面，必须突出主题互动。

由于主题互动内容比较多，其他小墙面可以设计一些常规性的互动内容。例如，"幼儿一日活动安排""好孩子棋""字宝宝乐园"等专栏，这些专栏主题单一，不需要占用太大的空间。

各个板块大小要均匀，高低错落有致，体现美学观念。高出的一部分，可以放一些供幼儿欣赏的作品。如"艺术作品""数字宝宝"等。让幼儿在视觉欣赏中受到潜移默化的教育。低处的一部分可以设计一些能与幼儿互动的或需要幼儿动手操作的内容，比如"字宝宝乐园""小小气象角"等专栏，让幼儿在与墙饰的互动中得到知识的体验。

墙饰布置要形象、生动，并富有美感。墙饰布置不但应体现教育价值，而且应具有审美价值。幼儿教师在设计墙饰背景或图案时必须要美观，让幼儿感兴趣，能吸引幼儿的注意力。譬如，布置春、夏、秋、冬主题的时候，先设计出不同的背景，再设计出"春姑娘""夏哥哥""秋姑姑""冬爷爷"的形象，使墙饰美丽、富有情趣，充满美感。幼儿看到后非常喜欢，在一天的参与、欣赏之中，完成一幅幅绚丽的季节画面。

明确主题，确定目标。互动墙饰的主题必须是幼儿感兴趣的并与教育目标和内容相适宜的。根据这一点，在确立主题墙饰的时候，有时可以按照季节变换确立主题，有时可以按照教育内容确立主题，有时可以按照幼儿的兴趣生成主题。在创设互动墙饰中，可以以预成课程为主，在这个基础上逐渐丰富、发展和完善教育内容。

譬如，中班的"我长大了"主题墙饰，是根据课本中"我长大了"这部分教育内容，加以归纳整理，设计出"小时候的我""现在的我""将来的我""变化的我"四个小主题。通过这些小主题，让墙饰与教育内容和目标与幼儿互动起来，体现了主题内容随着学习活动的展开而不断发展与深化，让幼儿可以主动获得有益的经验。

创设情境，诱发兴趣。在创设互动墙饰中，如果选择的主题不在幼儿的兴趣点和关注点上，那么就需要幼儿教师想办法去诱发兴趣。比如，在设计"我进步了"这个专栏时，先设计制作一个蜗牛形象，接着要对幼儿说："这是一只可爱的蜗牛，他是来和你们做朋友的，他每天都在看着你们，看谁做得好，就给他升格，看谁做得不好，就给他退格，走在最前面的可以当一周的班长。"这样就可以让幼儿的兴趣被激发起来。

主动参与，乐于动手。从内容的确定，材料的收集，到图案的设计与制作，都要有师生共同参与，将材料收集看作学习的过程。幼儿教师本着幼儿能做的就放手让他做，幼儿能想的就主动让他想的原则，哪怕是抹胶水这类的小事，也尽量让幼儿亲自做，这样能够体现出幼儿的参与性。

循序渐进，难易恰当。墙面布置的内容必须注意纵面、横向发展的序列。尊重幼儿的年龄特点，满足幼儿的发展需要，是一个基本立足点。比如，小班的墙饰一定要结构简单、色彩鲜明，感官刺激明显；供给他们操作的物品应该形状单一。到了中班，幼儿的感知认识能力都比小班提高了一步，此时的墙饰可以逐步增加一些启发性比较强的内容。

适时更新，保持新鲜。幼儿园的墙面装饰不但是为了美化，更在于它服务于教育的需要，是完成教育目标的一种形式和手段，它可以引导、激发甚至直接决定幼儿进行活动的结果；把教育的主题内容转化为色彩鲜艳、形象具体、生动有趣、赏心悦目的墙饰，即寓教于墙饰之中，让墙饰具有潜移默化的教育和熏陶作用。

2. 主题环境的设计方法

按照季节的变化不断更新内容。一年四季轮回交替，大家视四季变化极其平常，而作为幼儿教师要将这平常的自然现象视为不平常，赋予新的内容，让幼儿通过室内环境的不断变化，持续地获得新知识。季节的变化能够让幼儿看到动植物生长与季节的关系，学习大自然的知识；季节色彩的变化，满足了幼儿的需要，也激发了幼儿热爱大自然的情感。按照季节的变化布置墙面，同样要求幼儿教师要带领幼儿进行一系列的教育活动。例如，墙面布置"春天"，在常识教育活动中让幼儿认识春天气候的特点，柳树发芽，桃树、杏树都开满了小花，冬眠的小动物已经苏醒，燕子从南方归来，小蝌蚪、小鱼在河水中游来游去，春天是播种季节。在语言教育活动中给幼儿讲述"桃树开花了""小蝌蚪找妈妈"的故事，让幼儿朗诵诗歌《春天的秘密》。在音乐教育活动中让幼儿唱《春天多美好》《春天在哪里》。在绘画教育活动中让幼儿画小花、小草、柳树、桃树、杏树、小鱼、小蝌蚪等，并运用彩色纸折叠小花、小草、青蛙、小鱼、小燕子等。在这一系列教育活动的基础上再进行关于"春天"的墙面布置。"春天"这个主题内容较为丰富，按照班内教育活动进展的情况，墙面布置可以分2至3次进行，先选择一部分内容让幼儿制作挂在墙面上，然后逐步增加内容，不断完善成为一幅完整的描述春天特点的大型墙壁画。

按照节日的性质布置环境。幼儿教师要按照节日的性质布置环境，给幼儿留下深刻的印象，让幼儿从中受到教育。比如，"三八"

国际劳动妇女节、"五一"国际劳动节、"八一"建军节、"十一"国庆节，这些节日都很庄重，要营造庄重又热烈的气氛。譬如，"十一"国庆节可以制作些彩旗、国旗、纸花来装饰环境，幼儿教师和幼儿一起画天安门。"六一"国际儿童节是幼儿们自己的节日，应当按照幼儿年龄的不同开展"我是小主人"的活动。幼儿在教师指导下，把自己所学的本领都施展出来，可以制作彩旗、彩带、纸花、窗花等来装扮活动室，制作些小礼物送给教师、小弟弟、小妹妹们，还可以互相赠送。除了以上节日外，还有教师节、重阳节、爱鸟周、粮食日、无烟日、交通日等，结合这些节日幼儿教师可以按照该园及该班幼儿实际情况进行教育。

设计幼儿社会性发展的内容。幼儿社会性是指幼儿在与社会环境的相互作用过程中渐渐获得周围社会生活的各种社会观念、价值观念、行为准则，形成人与人的情感关系、稳定行为、互相交往技能的过程，让幼儿渐渐适应社会，成为独立合格的社会成员的过程。由于当代幼儿在社会性发展方面存在众多的问题，以及将来社会对人素质的高要求，对幼儿进行社会性培养就显得非常重要。幼儿社会性发展的内容包括责任感、自制力、同情心、自信心、同伴交往、克服困难与挫折、独立性、坚持性、活泼开朗的性格九个方面。教师除进行专门及随机的教育活动外，还应充分发挥环境的教育作用，可与主题活动、季节、节日结合起来。例如"小动物如何过冬"的主题活动，可以培养幼儿同情、爱护小动物的情感。爱鸟周和"神秘的海底世界"可教育幼儿保护环境，保护环境等于保护自己，培养幼儿爱护动物的感情。国庆节时布置的主题装饰，可以培养幼儿热爱祖国的情感。教师可设计幼儿社会性发展的内容，例如，"相信自己能行""应该这样做""在家我也能这样""我有责任这样做""遇到困难怎么办""谁对，谁不对""高高兴兴上幼儿园""我要上学了"。

综上所述，环境布置的内容可以以季节为一条线贯穿一年之中，把每个学期的主题活动、节日和社会性发展的内容穿插其中。这种安排可以改变以前环境布置中一劳永逸的现象，也为幼儿教师和幼儿一起动手布置环境创造了条件。

3. 室内环境布置方法

（1）活动角布置方法。在活动室内可以为幼儿设置图书角、美术角、玩具角、常识角、自然角等。这些活动角落不但为幼儿提供了活动机会和空间，还可以在活动的过程中，增长幼儿的知识，发展幼儿的智力，增强幼儿的动手能力。

譬如，在幼儿园设置的美术角，这是为幼儿提供美工活动的场所。幼儿在绘画、折纸、剪贴、塑造、制作等活动中，想象力、观察力、创造力以及审美能力获得了锻炼与发展。美工活动不但能够对幼儿进行形象思维的训练，而且能够培养幼儿抽象思维的能力。美工活动是手脑并用、动静结合、寓教于乐的好形式。幼儿在玩中做，玩中学，整个活动丰富多彩，生动有趣，能够使幼儿萌发初步的感受美和表现美的情趣，所以在幼儿园中设置美术角是十分必要的。为幼儿设置图书角，能够使幼儿通过阅览图书，丰富知识，开发智力。图书角有许多种形式，宽敞的幼儿园可以制作专用的图书柜、图书架等，不宽敞的幼儿园可以把图书角设置在窗台上。效果很好的是布袋式图书角，布袋式图书角制作很简便，价格低廉，不占空间，幼儿取送图书方便，美观大方，富有幼儿情趣等。与此同时，能够培养幼儿艰苦朴素、勤俭节约的良好品质。布袋式图书角，可以设置在风琴的背面或门上，对幼儿的学习与成长具有一定的作用。

（2）家园联系、小红花园地等专栏布置方法。家园联系专栏是幼儿教师与家长之间沟通联系的园地，这个专栏可以让家长了解、掌握幼儿园的教学情况以及幼儿在园内的学习情况，配合幼儿教师做好教育工作。幼儿教师还可以通过家园信箱栏目，向家长介绍一些教育信息、教育孩子的方法。家长也可以将自己的意见、见解和要求，通过信箱传递给幼儿教师，一起为教育好幼儿做出努力。幼儿园设置小红花园地，是为了表扬和鼓励幼儿进步，激发幼儿积极向上的愿望。小红花代表的内容可以按照幼儿的特点和情况确立，比如学习小红花、守纪律小红花、午睡小红花、进餐小红花、讲卫生小红花等。在周末总评时，就可以比一比，谁的红花最多，谁的进步最大，通过在幼儿园设置小红花园地，使幼儿能够在德、智、体等多方面获得发展。

（3）利用幼儿园瓷砖墙壁的环境布置方法。将幼儿的作品布置在活动室的瓷砖墙壁上，让幼儿对自己的生活环境增加一种亲切感，以提高幼儿的主人翁意识。如此做法不但能通过美的环境陶冶幼儿的情操，还能发展幼儿动手动脑的能力，提升幼儿的美术技能。若幼儿园结合主题教育与季节的变化，及时更换幼儿的作品，便会潜移默化地对幼儿进行知识传授。

在活动室设置瓷砖墙面，可以为幼儿提供即兴绘画的新天地。瓷砖墙面光滑、洁白、易画、易擦、易清洗，是幼儿绘画的好场所。幼儿不仅能在幼儿教师的指导下按照教育的主题绘画，也可以根据自己的想象即兴绘画，还可以几个小朋友自由组队集体绘画。从个体上而言，既提高了幼儿的绘画水平和兴趣，又发展了幼儿的想象力与创造性思维能力。从整体上来说，不仅美化了幼儿生活环境，使幼儿生活在不断变化、富有新意的童趣世界中，而且培养了幼儿的合作精神与集体主义思想。这项活动深受幼儿的喜爱。

在活动室设置瓷砖墙面，也为幼儿教师展示美术技能提供了很好的舞台，幼儿教师在瓷砖墙面上既能按照教育主题的内容选择粘贴的题材，又能够根据自己的爱好进行粘贴，还能将墙面涂上颜色，然后再进行粘贴。这样不但能不断提高幼儿教师的手工技能，而且给幼儿创设了一个和谐轻松、富有美感的环境。幼儿在这样一个天地里，不仅受到美的熏陶，还可以获得知识。

（4）用纸贴画布置幼儿园环境的方法。这里说的纸包括吹塑纸、绒纸、旧挂历纸、手工纸和不干胶纸等。这些纸粘贴出的作品色彩鲜艳，画面生动，具有一定的艺术效果。例如，采用较为先进的彩色不干胶纸粘贴玻璃画，布置幼儿园环境，效果非常明显。这种方法是将不干胶的艳丽色彩与玻璃透明的特点巧妙地结合起来，构成一种新颖的艺术风格，比较受幼儿的欢迎。尤其是具有主题性的内容，不仅美化了环境，还使幼儿受到了教育和启发。不干胶纸粘贴的玻璃画，优点很多，最主要是不怕水、不怕擦、不容易损坏，还可以随时更换。

（5）用布贴画布置幼儿园环境的方法。布帖画是一种较为独特的绘画方法，画面材质新颖，色彩非常明快，富有极强的感染力。把不同规格和内容的布贴画分别布置在楼梯厅和活动室内，能够使幼儿在获得美的感受的同时，陶冶情操，潜移默化地使他们受到教育。此方法真正实现了寓理于情、寓教于乐。

知识拓展

幼儿园环境创设的评估

评价幼儿园环境创设，需要从如下几个方面进行评估。

1. 空间布局

幼儿园空间布局是否合理？布局是否符合幼儿的年龄特点和教育的需求？空间布局是否有助于幼儿活动、游戏以及学习？幼儿园空间布局需要从过道、走廊、通道口、教室的设置等方面进行综合评估。

2. 环境卫生

环境的卫生情况是评价环境创设好坏的一个关键因素。干净、整洁和没有异味的环境不但能够给幼儿健康、安全、舒适的感觉，还能够有效防止疾病的传播。因此，评价幼儿园环境卫生时必须从清洁卫生、疾病预防等方面去考虑。

3. 功能设施

功能设施是幼儿园环境的重要组成部分，包括教室、活动室、卫生间、餐厅、娱乐设施等。对于幼儿而言，这些设施是他们进行学习和游戏的场所，极其重要。评价功能设施是否合理，必须考虑安全、实用、美观和功能性等方面。

4. 教育器具

幼儿园教育器具是幼儿视觉、听觉、触觉以及其他感官发展的基础。幼儿园的这些器具是否适合幼儿的年龄还有包括的内容是否有助于幼儿的学习和成长等都是必须考虑的，所以，教育器具的评价是十分必要的。

5. 教学材料

教学材料是幼儿开发认知、想象能力的重要工具，不同类型的教材不但能够丰富幼儿的活动，帮助幼儿掌握知识与技能，而且能够对幼儿的社会认知、情感价值观的培养产生积极影响。特别是需要特殊教育的幼儿，教学材料、音乐和艺术课材料、戏剧表演设备等更是不可忽略的。

6. 教职员工

评价幼儿园环境还要把对教职员工的考量纳入其中，教职员工是否具有教育背景与基本素质，有无良好的教学水平以及是否有长期从事幼儿教育的经验，这些均是幼儿园环境创设的重要要素。

总之，在幼儿园环境创设中，合理的空间布局，干净卫生，完善的功能设施、教育器具和教学材料以及良好的教职员工素质，这些方面之间是互相依存和相互支撑的，各个方面都是必要的，缺一不可，缺少任何一项都会影响幼儿的健康和成长，这些方面都需要系统地综合评估。

主题2　以一日生活的组织能力为基础

导语

　　幼儿园在园一日生活的安排是否科学，尤其是幼儿生活活动的安排与指导、幼儿卫生与健康的保护等，关系到幼儿的健康成长，所以，幼儿教师必须具备幼儿园一日生活的组织与保育的相关能力。这涵盖四项能力的要求：第一，合理安排和组织一日生活的各个环节，把教育灵活地渗透到一日生活中。第二，科学照料幼儿日常生活，指导和协助保育员做好班级常规保育和卫生工作。第三，充分运用各种教育契机，对幼儿进行随机教育。第四，有效地保护幼儿，及时处理幼儿的常见事故，危险情况下紧急救护幼儿。

一、幼儿园一日生活流程的教育价值

　　《纲要》在第三部分"组织与实施"中提出，要"科学、合理地安排和组织一日生活"。这主要是由于幼儿园一日生活中涵盖着丰富的教育价值。

　　幼儿园一日生活主要包括五个种类的基本活动，其所涵盖的教育价值如下。

　　1. 入园和离园

　　入园和离园是幼儿从家庭中到幼儿园以及从幼儿园到家庭中的环境变换环节。幼儿教师做好入园、离园工作，有利于增进家园沟通，帮助幼儿适应环境转换，使得幼儿感觉到幼儿园的温馨，感觉到自己是幼儿园的主人，进而以快乐的情绪开始和结束一天的生活。

2. 自由游戏

自由游戏是指幼儿主动发起的游戏活动。自由游戏为幼儿积极探索和学习提供了许多机会，有利于提高幼儿的自尊心和自信心，使他们体验自由、自主的乐趣。

3. 教育活动

教育活动一般可分为小组活动和集体活动。其中小组活动有这些教育价值：一方面，对幼儿而言，小组活动为幼儿提供了与同伴及教师沟通、合作和分享经验的机会，更容易让幼儿积极地操作材料，并按照自己的速度和方式去参与活动；另一方面，对幼儿教师而言，小组活动有助于幼儿教师关注幼儿的个体差异，了解幼儿的个别发展状况，从而采取合适的方式提供个别化支持。集体活动是指参与活动的所有幼儿在同一时间内做一样的事情，整个活动过程以幼儿教师的指导为主。就其教育价值来看，集体活动有助于幼儿注意力、自制力、良好倾听习惯和集体意识的培养，可是无法满足幼儿发展的个性化需要。

4. 生活活动

生活活动是指满足幼儿基本生理需要、帮助其养成良好生活习惯、提高自理能力的活动，它是由餐点、饮水、如厕、盥洗、午睡等环节组成的。

有序、合理的生活活动有着如此的价值：可以有效满足幼儿的基本生理和心理需要；有助于幼儿建立良好的生活秩序和习惯；加强幼儿的自我意识，使之认识到自己是有能力的人；提高幼儿的自理能力，可以增强其自信心，获得心理上的安全感和成就感。

5. 户外活动

户外活动有利于满足幼儿身体运动的需求，可以提高幼儿的身体适应能力，增强其体质。

除以上五个种类的基本活动外，幼儿园一日生活中还有一个起着"穿珠成链"作用的过渡环节。它主要是指幼儿由一个活动过渡到另一个活动的过程。过渡环节能够让幼儿在宽松、自然、有序的环境中，自主地完成要做的事情，为下一个活动做好心理准备，养成有序生活的良好习惯。

从严格意义上来讲，尽管过渡环节并不属于活动环节，可是若缺少了它，幼儿园一日生活的"链条"便会发生断裂，一日生活的整体效益和价值也会下降。

二、科学合理地安排一日生活的价值

幼儿园一日生活各环节涵盖的教育价值要想得到充分、有效地发挥，就离不开对一日生活的科学合理的安排。科学合理地安排一日生活具有可预测性的特点，它有着如下的价值。

1. 有利于给幼儿带来控制感和安全感

有序、连贯地安排一日生活，可以让幼儿在身体和情绪的转换中感到舒适和安全，降低其因环境不确定和变化带来的焦虑、紧张，使他们在有序生活的过程中感到自信和从容。假如一日生活中总出现突发事件，就会带给幼儿无所适从的慌张，从而带给他们心理上不稳定的状态。

必须注意的是，有序的一日生活常规不应仅仅是时间序列上的活动安排，更应被当作是幼儿园环境的重要组成部分，它对师幼互动的性质、方式以及质量产生直接影响，进而对幼儿能感受和体验到的心理环境也会产生影响。

2. 有利于促进幼儿的主动学习

科学、合理地安排一日生活，对幼儿在一天中每个环节要进行的活动作出规定，至于在每个环节中可以做什么，则应在幼儿教师计划的基础上给予幼儿充分的选择权与决定权，这明显会大大地促进幼儿的主动学习。

3. 有利于促进幼儿的社会交往

合理、有序的一日生活可以为幼儿提供许多不同的社会交往机会。譬如，教师与幼儿共同商讨活动规则；在规则指导下进行分享、合作甚至是冲突解决；在小组、集体活动中进行不同范围的交往；等等。

4. 有利于为幼儿教师提供观察和计划的框架

当有序的一日生活安排转变为幼儿自己的行动准则之后，他们就能更自主地进行学习，这正好为幼儿教师提供了观察幼儿真实表现和发展水平的最好机会，幼儿教师由此也有了在观察基础上设计、调整教育计划的有利机会。

三、一日生活安排与组织的基本原则

1. 创设温馨、安全、有序的环境

必须让幼儿在一日生活中感到安全、温馨、愉快、有序，这样，幼儿才乐意探究，积极主动地开展学习和游戏。幼儿园环境包括在园幼儿直接生活与游戏的活动室环境以及户外环境。

（1）安全的环境。安全的环境要求幼儿教师保障幼儿园物质环境和心理环境的安全。安全的物质环境体现在：凡是有幼儿进入的场所、场地都应有保育人员看护，保障其人身安全；保证活动室、户外活动场地和各种活动材料的清洁、卫生；保证幼儿所使用的各种材料、玩具、工具、器械等符合国家规定的安全标准，确保不存在任何安全隐患。安全的心理环境体现在：让幼儿在环境中根据自己的兴趣、意愿和需要选择活动，自由地进行探索、交往和表达；允许幼儿以不违反生活常规的、自己的方式进行游戏和探究。

（2）温馨的环境。温馨的环境要求幼儿教师不仅注重营造幼儿与同伴、幼儿教师间相互尊重、爱护、帮助的友好合作氛围，而且要以积极的心态关心和了解每一个幼儿，主动与其交流，积极地回应他们的不同需要。

（3）有序的环境。有序的环境要求幼儿教师做到：制定幼儿能理解的并符合其特点的公共规则，比如进入活动区的规则，来帮助他们有序地开展活动；环节过渡要有序、自然、安全；幼儿教师与保育人员之间应相互配合，共同做好一日生活的组织和指导。

2. 幼儿的自由活动与幼儿教师组织的活动保持平衡

幼儿的自由活动与幼儿教师组织的活动是幼儿园的主要活动。其中，幼儿教师组织的活动应包括晨谈、教育活动、餐前、离园准备等活动。

两种活动在时间安排上必须保持一定的平衡。这要求：要确保幼儿有充足的时间和场地进行自由游戏；教育活动尽量地采用小组活动，让幼儿有充分的表达与表现机会，注意观察、了解每个幼儿的需要并及时作出回应；按照幼儿学习的特点和内容需要适当采用集体活动，并在活动中尽量让幼儿主动探索和游戏。

知识拓展

如何科学、合理地安排幼儿的一日生活

科学、合理地安排和组织幼儿一日生活十分重要，幼儿一日生活必须做到以下几点：

1．稳定性与灵活性相结合

《纲要》指出："时间的安排应有相对的稳定性与灵活性。"幼儿在幼儿园的时间安排需要让幼儿知道接下来要做什么事情，即事情的顺序是相对稳定的、可预测的，"可预测的"不但能够使幼儿合理安排和充分利用当下的时间，养成一定的时间意识，还能够使幼儿在心理上为即将发生的事情做好准备，如此一来就能够让幼儿更适应日常的活动，给幼儿一种安全感，有助于幼儿专心地操作和探索。像马斯洛的需求层次理论所指出的那样，幼儿只有在满足基本的安全需求之后，才能追求更高的需求，比如交往的需求、自我实现的需求。但是，主张幼儿一日生活的时间安排具有相对的稳定性，并不意味着它是机械呆板、不可更改的，而是具有一定的灵活性，幼儿教师可以按照幼儿在活动过程中的实际行为来进行适当调整。譬如，绝大多数幼儿对正在参加的活动表现出强烈的兴趣时，幼儿教师便可以适当延长该活动的时间，来满足幼儿的内在需求。

2．保障幼儿自由选择和自主操作的区域活动时间

学者研究表明：幼儿在活动一段时间后，才能达到活动状态的高峰。比如小班幼儿需要每日40分钟的区域游戏活动时间才能够满足其内心需求。足够的时间是幼儿获得高质量经验的条件，要想让幼儿获

取完整的经验，幼儿教师应当让幼儿有充足的时间按照自己的发展特点、速率和步调进行探索。比如，一家幼儿园一日生活中的每次自由活动时间均在一个小时左右，目的是保障幼儿有足够的时间触摸、操作、尝试、探索以及发现。《纲要》也指出："保证幼儿每天有适当的自主选择和自由活动时间。"因此，幼儿园一日生活的时间安排要保障幼儿自由选择和自主操作的区域活动时间，让幼儿通过亲自操作和体验，来实现经验的积累。

3. 将幼儿园各种类型的活动相互整合和渗透

幼儿在园的一日生活存在着太多类型，例如，生活活动、区域活动、集体教学活动、体育活动。不管何种类型，相互之间均存在着紧密的联系，一起构成幼儿在幼儿园的完整生活。正如杜威在《儿童与课程》中所指出的那样："幼儿的生活是一个整体，一个总体。"可是，目前在幼儿的一日生活中，集体教学活动之外的幼儿生活常处于被忽视的状态，造成了对幼儿生活的割裂以及时间的隐性浪费。其实，在生活活动中也可渗透教育内容。例如，在吃午餐时，幼儿教师可以抓住当天所吃的食物来让幼儿获得有关该食物的营养价值方面的经验；在梳头时，幼儿教师可以应用"我是天气预报员"或者"故事大王"等形式来培养幼儿的语言表达能力。幼儿的生活是完整的、连续的，《纲要》也指出"注重综合性"，因此，幼儿教师要在尊重幼儿本来的生活形态的基础上去组织教育，把幼儿在幼儿园各种类型的活动相互整合和渗透，一起形成一个整体性的教育场，把完整的、真实的生活意义展示给幼儿。

4. 培养幼儿制定规则和自我解决问题的能力

很多幼儿教师在建立和培养幼儿常规时会花费很多时间，然而效果却并不太好。其中一个原因是幼儿不知道为什么要遵守规则，规则会给自己带来什么后果。所以，班级规则的制定必须建立在幼儿内在需要的基础上。例如，幼儿之间争抢材料，幼儿教师针对这个现象组织幼儿开展讨论，幼儿通过参与讨论一起制定规则。由于规则是幼儿制定的，因而幼儿更能够了解规则，更愿意接受和遵守规则。与此同时，在幼儿遭遇同伴冲突等问题来寻求教师的帮助时，幼儿教师不要亲自为幼儿解决问题，而是尝试提出一系列的问题让幼儿思考。比如，发生了什么事情？这件事情让你感觉怎样？你觉得你可以怎么做？这样做是好的选择还是不好的选择呢？你还可以怎么做？你可以去试一试吗？诸如这类问题，幼儿在回答这些问题的过程中对自己遇到的问题逐渐清晰，能够自主思考解决问题的方法，进而培养自主解决问题的能力。对幼儿教师来说就有更多的时间去观察幼儿的行为，为幼儿的个性化发展提供支持。

主题3　以游戏活动为主导

导语

　　游戏是幼儿的基本活动方式，是幼儿学习与发展的重要方法，怎样支持、引发、丰富幼儿的游戏活动，是幼儿教师的能力要求之一。幼儿教师的游戏活动支持与引导能力包括四个方面：一是提供符合幼儿兴趣需要、年龄特点以及发展目标的游戏条件。二是充分利用与合理设计游戏活动空间，提供丰富、适宜的游戏材料，支持、引发及促进幼儿的游戏。三是鼓励幼儿自主选择游戏内容、伙伴及材料，支持幼儿主动地、创造性地开展游戏，充分体验游戏的乐趣。四是引导幼儿在游戏活动中获取身体、认知、语言和社会性等多方面的发展。

一、幼儿园游戏活动的重要性

　　游戏是幼儿的基本日常活动，它与幼儿从小相伴，在幼儿成长过程中起着无可取代的作用，与此同时，游戏作为幼儿园教育中的重要组成部分，在幼儿教学过程中有着非常重要的地位。具体来说，幼儿园游戏活动有如下的重要作用。

1. 培养幼儿的身心发育

　　游戏活动，是幼儿园最常见的一种集体活动，同时也是一项体育活动。其形式多样化，对幼儿身体素质和心理素质的成长，都有着至关重要的影响。社会是一个集体，需要人与人之间的交流，幼儿园通过组织活动，可以很好地培养幼儿的社交能力、表达能力以及组织协调能力，因此，幼儿园的游戏活动，是让幼儿身心健康成长的一个重要途径。

2. 提高幼儿的智力水平

学者研究表明，游戏能够有效地促进幼儿的智力开发，提高幼儿的智力水平。因此在幼儿园中运用游戏进行教学可以帮助启迪幼儿的思维发展，锻炼他们的想象力以及创造力。与此同时，幼儿的探索欲望与好奇心往往较为强烈，他们更加能够接受那些富有趣味性并且处于他们认知范围之外的事物，因此幼儿教师科学地进行游戏教学可以满足幼儿的探索心理，进一步提高幼儿在生活中发现问题、解决问题的能力。比如游戏中需要不同类型的道具，幼儿可能会对不同游戏中道具的变化产生兴趣与疑问，幼儿教师便可以根据具体的游戏内容为他们讲解道具的作用，帮助他们理解"具体问题具体分析"的道理。在幼儿遇到一些对于他们来说富有挑战性的项目时，他们便会运用教师讲解过的知识点或者是游戏技巧来解决问题，在他们解决问题之后便会对自己的能力有一个肯定，从而产生自信心，这对于幼儿的创造力以及发散思维的培养都有着极大的帮助。

3. 提升幼儿的适应能力

游戏中的规则性可以教会幼儿学会尊重规则与尊重他人，让他们明白公平与独立的重要性。幼儿教师可以组织幼儿开展一些竞赛，例如"两人三足"等。幼儿在这种比赛中可以有效培养竞争意识与合作意识，并且养成遵守规则的习惯。在与同伴的合作中，他们能够学会站在他人的角度考虑问题，例如只有了解他人的走路速度以及步伐频率，两人才可以在比赛中配合默契、取得良好的成绩。这对于塑造幼儿的健康人格也有着至关重要的作用。

二、幼儿游戏与教学的关系

1. 游戏与教学的区别

（1）产生情况不同。游戏是自然而然地产生的，是幼儿在自主、自愿的基础上进行的活动。但教学活动有着一定的强制性，由幼儿教师来制定活动内容，由幼儿来完成。即便有的幼儿不喜欢，也会要求其进行活动。

（2）目标侧重点不同。游戏的目标不是十分明确，幼儿按照自己的兴趣来进行游戏，与技能相比，它更重视幼儿的个性与人际交往的发展。而教学则更重视对幼儿智力的提升，把增长知识当作主要目标。相较之下，教学的目的性与知识性均比游戏强一些。

（3）组织结构不同。游戏的组织较为松散，幼儿能够自由地选择游戏材料与游戏角色，幼儿教师按照具体情况参与活动，对幼儿进行有针对性的指导。而教学组织比较严密，幼儿教师对活动的过程要求也很高，是面向所有幼儿的统一教学活动。

（4）指导方式不同。游戏中幼儿教师的指导是间接指导，会在不影响幼儿情绪的情况下进行潜在指导，而教学中幼儿教师的指导是直接指导。幼儿教师交代活动内容，并提出必要的要求，安排活动过程等，重视语言讲解，按教学计划教给幼儿一些知识技能。

2. 游戏与教学的联系

（1）体现在游戏中的教学。幼儿在游戏中无意识地接受了幼儿教师给与的品德教育、知识教育等内容。譬如玩"开餐厅"的游戏，幼儿在幼儿教师设计的情境中玩的过程中，"客人"（幼儿教师）有意给"老板"（幼儿）出难题："客人"点了凉的食物，等待上菜的时候才告知"老板"自己身体不舒服,让"老板"撤换,等"老板"换成了热的才解决了问题。这让幼儿在游戏中学到了新的知识、技能,让幼儿在玩的过程中明白关心别人、礼貌待人的道理。

(2)教学中的游戏。此类游戏仅仅是为了达到教育目的,激发学习兴趣而采用的一种手段,就是为了突出教学目的,强调幼儿教师的指导。比如,幼儿教师为发展幼儿"投掷"的运动技能,在教学计划中特意为幼儿创设环境,安排"驱逐大灰狼"这一游戏活动,提供投筐、投篮使用的材料。在具体游戏活动中要求每一个幼儿学会正确的投掷姿势,能够投得准、投得远。这里突出了幼儿教师的教和幼儿的学,教学的着重点放在教上,有的时候为了纠正幼儿的某个动作而不得不中断游戏。在这里,游戏是为达到教学目的服务的,是向教学目标靠近的,这就是教学中的游戏。

三、指导幼儿游戏时须遵循的基本原则

尽管许多幼儿教师已经认识到游戏对幼儿的重要性,也掌握了指导幼儿游戏的方法,然而对幼儿游戏本质的认识尚不到位,难免会产生许多问题。因此,我们有必要重新梳理指导幼儿游戏时应遵循的基本原则。

1. 安全性原则

(1)要考虑游戏材料的安全性。游戏材料是幼儿游戏时不可缺少的重要组成部分。在游戏过程中,幼儿需要直接接触和操作游戏材料。如果游戏材料存在质量问题,极可能会给幼儿带来危险和伤害。比如,幼儿被射击类玩具打到脸或眼睛、被玩具锋利的边缘划伤、吞食比较小的玩具和游戏材料、由不合格的毛绒玩具引起鼻炎等。为了

预防游戏材料可能对幼儿造成的伤害，在选择游戏材料时，必须考虑其安全性。

（2）要考虑游戏过程的安全性。尽管运用了安全卫生的游戏材料，但这只是做好了第一步。静态的材料一旦与幼儿互动起来是否安全，这是难以预料的。所以，幼儿教师指导游戏时，必须考虑到游戏过程的安全性。为了确保游戏过程的安全性，幼儿教师必须做到：阅读说明书，根据说明书上的说明去操作，并教幼儿正确地运用游戏材料的方法；强化组织和管理，制定规则并培养好幼儿的游戏规则意识；幼儿游戏时，幼儿教师要在一边监护，保证他们安全地游戏；提升幼儿的自我保护意识与自我保护能力。

2. 读懂幼儿游戏原则

读懂幼儿游戏是指幼儿教师在决定是否指导（或者介入）幼儿游戏之前，正确解读幼儿的游戏行为。读懂幼儿游戏是幼儿教师决定是否指导幼儿游戏的关键一步。只有读懂了幼儿的游戏，幼儿教师才能确定其指导的最好时机和最好方式，指导才可能取得很好的效果。否则的话，不但指导没有效果，甚至会使幼儿对正在进行的游戏失去兴趣。这要求幼儿教师从两个方面考虑：一方面，必须要了解幼儿游戏的特征。在不同年龄段，幼儿游戏的特征不同；即便是同一类型的游戏，不同年龄段的幼儿游戏的特征也不相同。在同一年龄段，幼儿之间的游戏水平不相同；在不同类型的游戏中，同一年龄段的幼儿的游戏特征也不相同。譬如，通常来说，小班幼儿喜欢独自游戏和平行游戏，在替代物上更依赖于实物；而中大班幼儿交往技能进一步发展，喜欢跟同伴一起游戏，在替代物上更依赖于抽象转换。因此，幼儿教师要加强游戏理论和游戏知识的学习，在指导时才能做到有据可依、有理可循。另一方面，在幼儿游戏时，幼儿教师一定要认真观察。观察是读懂幼儿游戏行为的重要步骤。

3. 幼儿自主原则

幼儿具有自主选择和支配游戏的权利，这一原则已经获得了幼儿专家广泛的认可。由于幼儿只有在自己的活动圈子里，在没有成人压力的情况下，他们的活动才是自发的，并且只有在他们自发的活动里，才能真正体现主动性、独立性以及创造性。所以，幼儿教师在指导游戏时，必须要坚持幼儿自主原则。幼儿自主原则，则意味着幼儿可以根据自己的意愿选择游戏，可以根据自己的想法计划游戏，可以根据自己的方式进行游戏。因此，幼儿教师的指导必须以幼儿自主为前提。如果幼儿教师过多参与幼儿游戏或过度指导游戏，那么游戏便不再是幼儿的游戏，而是已经变了味的游戏，或者被认为是"幼儿教师的游戏"。指导幼儿游戏是幼儿教师的责任和义务，这并不是说幼儿教师能够随心所欲，随便将自己的想法强加给幼儿，而是必须尊重幼儿的自主性，尊重幼儿的兴趣和想法，并且在这个基础上进行相应的指导。

4. 参与性原则

参与性原则是指幼儿是游戏主体，在游戏中有发表意见、参与决策以及做出决定的权利。参与性原则在游戏中具体表现在三个方面：创设游戏环境、指导幼儿游戏和制定游戏规则。

一是创设游戏环境的时候，必须让幼儿充分参与。幼儿教师尽可能吸取幼儿合理的建议，跟幼儿一起布置一个初步的环境，待到活动逐渐深入和幼儿经验丰富，再进一步丰富环境和材料。

二是指导幼儿游戏的时候，必须让幼儿充分参与。比如，中大班幼儿确定要玩的游戏之后，他们如何分配角色、计划怎样玩，幼儿教师都不必参与。除非幼儿教师确定幼儿需要帮助。即便是帮助，也不能超出参与性原则，也要尊重幼儿的想法和意见。

三是制定游戏规则的时候，必须让幼儿充分参与，而不是以规定的形式告知幼儿。幼儿提议变换规则时，幼儿教师也不必干预。

5. 间接指导和适时退出原则

间接指导是指幼儿教师置身于幼儿的游戏环境，在确定需要指导幼儿游戏的时候，以建议、提问、暗示等方式指导幼儿的游戏。否则，如果幼儿教师去直接指导，那么就变成了幼儿教师根据自身意愿指挥和控制幼儿游戏。所以，幼儿教师指导游戏应以间接指导为主，从而充分尊重幼儿的游戏意愿，发挥他们的主观能动性。同时幼儿教师适时退出游戏极其重要，必须纳入其考虑的范围。

知识拓展

幼儿游戏活动的组织与实施

1. 幼儿游戏活动的组织

（1）活动中必须充分考虑幼儿的发展水平。幼儿游戏活动并不是需要幼儿掌握多少技能，而是针对幼儿身体发育的一种活动，同时也是衡量幼儿在不同时期发展水平的一个标准。所以，在组织活动时必须有明确的目标，便于检测幼儿在某一时期，是否达到预期的教学目的。《幼儿园教育指导纲要》中针对健康教育的板块，也作出了详细的诠释。即在组织幼儿游戏活动的时候，必须要有参考的依据，必须了解幼儿该阶段的发展水平，再按照具体情况去组织游戏，让幼儿在游戏中成长。但也不能只注重提升，而忽视幼儿自身的限制因素，所以，在游戏活动的组织上，要注意分寸，考虑到幼儿身体机能的适应范围，以及幼儿的创造性能发挥多少。按照这些问题，再调整之前设计的活动方案，让游戏活动更有目标，让游戏活动更有助于幼儿的成长，诱发幼儿对游戏的兴趣。

（2）组织活动要恰当并且有趣。游戏活动的最终目的是让幼儿在娱乐中学习，然而假如组织的活动不符合幼儿的接受范围，此游戏就很可能产生副作用，可能会对幼儿产生长期的心理阴影，从而影响幼儿的游戏兴趣。所以，组织游戏活动要避免单一呆板，要简单明了且富有趣味，要让游戏引起幼儿学习的兴趣与热情。所以，幼儿教师在组织游戏活动时，应当考虑幼儿的成长规律，掌握他们所处年龄段的特点，让游戏活动中的运动量符合他们身心发展的规律。在满足幼儿兴趣爱好的前提条件下，让他们达到锻炼身体和开发智力的目的。在自主活动中，也不能以偏概全，小、中、大班的幼儿要区别对待。对小班幼儿而言，游戏内容要简单、有趣，不要对动作做太多要求，对这一阶段幼儿的主要任务是激发他们游戏的积极性。对中班、大班的幼儿来说，游戏可以添加更多的细节，提高他们的能力，使他们在游戏中提高创造力。

（3）组织游戏活动要能激起幼儿的兴趣。兴趣是最好的老师，要想让幼儿在游戏活动中表现得更完美，让活动更具有重要的意义，幼儿教师就必须激发幼儿的好奇心，培养他们的参与意识以及兴趣，这通常决定着活动是否能更好地开展。所以，幼儿教师要唤起幼儿在自主活动中参与的积极性，让幼儿在活动中持续提升。假如游戏活动单调、枯燥无味，便无法激发幼儿的游戏兴趣，那么，自主游戏活动就难以组织实施，也就无法让幼儿在游戏中学会知识、提高能力。幼儿在不喜欢的环境中，就没有耐心去参与游戏活动，更不用说能从活动中掌握知识，幼儿的能力也就不会得到提高。

2. 幼儿游戏活动的实施

（1）用故事引导幼儿身临其境。在玩游戏之前，幼儿教师可以用一段语言优美、内涵丰富的故事，作为活动的开场白，唤起幼儿的兴趣。譬如，在一场游戏活动中，幼儿教师可以按照游戏的情景和游戏的相关规则，编一段故事，通过此方式，让幼儿对游戏有一个初步的了解。必须注意的是，幼儿教师在讲故事的时候，用词要尽可能简单明了，要考虑幼儿所处年龄段的接受能力。一个有趣的故事，通常能起到意想不到的效果。生动活泼的情节能让幼儿聚精会神地想象，让接下来的活动更有意境，从而激发幼儿的兴趣，并且让幼儿能认真投入到游戏中，从而达到游戏活动的目的。

（2）将有趣的器材置于游戏活动中。在游戏活动中，配合器材的使用就好比是锦上添花。对于器材的选择，可以是手工制作的，也可以是一些比较大的硬件设备。其目的都相同，那就是要唤起幼儿的好奇心和对游戏的兴趣，激发他们的游戏热情和探索意识。因此，幼儿教师必须充分利用器材实施游戏方案，要让幼儿在简单的器材中发挥其想象力和创造力。在使用器材的时候，幼儿教师要发挥自己的引导作用，让幼儿自己探索，在简单的游戏中创造出不同的价值。

（3）让游戏实施的场景有吸引力。幼儿有着冒险精神，喜欢追求刺激，勇于接受挑战，所以，幼儿教师围绕游戏主题设置的生动形象的故事情景，通常能很好地吸引幼儿的注意，引导他们主动参与，融入游戏。幼儿具有爱玩的天性，初出茅庐，无法避免冒失。正所谓"初生牛犊不怕虎"，幼儿从某种意义上来讲实际上具有人性本身的冒险精神，他们对所有事物都充满了好奇，并且喜欢挑战。考虑到此情况，幼儿教师要因地制宜，在幼儿园中设置有趣的情景，吸引他们去"冒险"，让他们主动参与，融入游戏活动中。

主题4　以教育活动的计划与实施为主责

导语

　　幼儿园五大领域教育活动的设计与实施，在我国幼儿园的教育中具有极其重要的作用。为此，幼儿教师能否具有科学设计、有效组织实施各领域教育活动的能力，是决定幼儿教师是否合格的重要指标。幼儿教师的教育活动计划与实施能力包括四个方面：一是制定阶段性的教育活动计划和具体活动方案。二是在教育活动中观察幼儿，根据幼儿的表现和需要，调整活动，给予适宜的指导。三是在教育活动的设计和实施中体现趣味性、综合性和生活化，灵活运用各种组织形式和适宜的教育方式。四是提供更多的操作探索、交流合作、表达的机会，支持和促进幼儿主动学习。

一、幼儿园教育活动的内涵及特点

　　教育是一种有目的、有计划的社会实践活动。幼儿园教育活动是幼儿教师从幼儿的兴趣和实际水平出发，按照幼儿园教育目标，有目的、有计划地组织和指导幼儿积极学习，来促进幼儿对周围环境的认识，培养学习兴趣，有助于幼儿获得其身心发展的经验活动。

　　《国家中长期教育改革和发展规划纲要（2010—2020）》中对幼儿园教育活动明确提出，教师以多种形式有目的、有计划地引导幼儿生动、活泼、主动地活动的教育过程，是幼儿园教育的基本形式，也是幼儿园课程的实施载体。幼儿园教育活动实际上就是一种由教师和幼儿共同参与、配合和承担的活动，它是承载着一定的目的和任务，并在《国家中长期教育改革和发展规划纲要（2010~2020）》引导下，被赋予了一定意义与价值的活动。《幼儿园工作规程》指出，幼儿园教育活动是有目的、有计划引导幼儿主动活动的、多种形式的教育过程。

幼儿园教育活动具有以下几个特点：

一是具有整合性的特点。幼儿园教育活动是对各种教育资源、教育手段、教育形式以及幼儿教师预设的教育活动或幼儿自主生成的教育活动，集体的或是个别的活动等共同整合而成的教育活动系统。

二是具有动态性的特点。幼儿园教育活动中幼儿教师与幼儿的互动性，随环境的变化表现出一种动态性，按照幼儿关注方向调整目标，适时引导和生成探究性活动，促进幼儿的学习、思考和发展。

三是具有趣味性的特点。幼儿园教育活动的内容、形式、环境等多方面的趣味性，体现了各种有趣味的东西对幼儿的吸引力。

四是具有生活性的特点。生活性的特点主要体现在幼儿园教育活动内容方面，对幼儿而言，生活有着普遍而特殊的意义，幼儿园教育活动贯穿于他们一天的生活之中。所以，幼儿园教育活动不可避免地具有生活性的特征。

二、制定教育活动的目标

1. 活动目标要符合本班幼儿的年龄特点和能力水平

如果目标过高，超出幼儿的能力范围之外，那么幼儿因能力达不到，完不成任务，无法获得成就感，会失去兴趣；假如低于幼儿实际水平，幼儿也会觉得枯燥乏味，身心疲劳，从而失去参加活动的积极性。所以，制定教学活动目标时要结合本阶段幼儿身心发展的特点，遵循幼儿"最近发展区"的原理。同时，教育活动目标的制定还要遵循幼儿的认识规律，幼儿的认识规律通常为：动作—感知—表象—概念。

2. 活动目标要具体、明确，有较强的针对性

教育活动目标应当具体、明确，具有比较强的针对性，如这个活动要传授、激发幼儿哪些基本技能和技巧，培养幼儿的哪一种情感均要有明确的说明，否则的话，教育活动目标就失去了其指导作用，使得活动组织起来十分困难。

3. 活动目标要面向全体，也要注意个体需要

每个幼儿的学习经验和学习能力之间存在着许多的差异，制定一个适合全班幼儿水平的目标几乎是不可能的，然而，作为班级的教学活动又应当围绕着一个统一的教学目标进行，那么幼儿教师就要使教学活动目标不仅有统一要求，而且能适应不同幼儿的需要。所以，幼儿教师在确定教学目标时要有一定的弹性，要让大多数幼儿能够达到既定的目标，也要让个别幼儿完成最低标准。

4. 活动目标的制定要注意各领域目标之间的整合

幼儿园的教育目的就是让幼儿全面和谐地发展，幼儿园的教学活动是整合性的活动，一次活动中有五大领域相互渗透，那么其教学目标也不是孤立的，必须成为一系列教学目标群中的有机组成部分，与其他教学目标相互联系。要注意教学活动中所提出的教学目标与同一课题或同一学科领域中前后所提出的教学目标之间的关系，尤其是领域的一般目标与具体目标之间的关系。教学活动目标与其他相关领域正在进行的教学活动所提出的教学目标之间的关联，确定任何教学活动的教学目标时都应当予以考虑。才能使教学目标之间相互配合，形成整合的效应。制定好目标之后，幼儿教师还需对已制定好的目标进行不断反思，使其更加合理、更加完善。

三、提高教育活动设计的能力

在幼儿教育活动中，幼儿是最重要的参与主体，而幼儿教师更是不可或缺的执行主体，所以，提高幼儿教师的教育活动设计能力对于促进幼儿的全面发展有着巨大的作用。

1. 什么是教师教育活动设计的能力

教师教育活动设计的能力就是指幼儿教师依据幼儿教育活动的内容和目标的需要，应用许多表现手法，设计与主题相关的教学活动，在活动过程中贯穿对幼儿的关注与能力的培养的过程。

2. 教师教育活动设计的具体能力

幼儿教师教育活动的设计能力具体包括以下几个方面：

（1）正确地掌握教育目标。教育目标在具体的教学活动设计中是以活动目标的形式体现的，这是教育活动的出发点，也是最终要达到的目标。活动目标制定得明晰合理，会让幼儿得到必要的发展，提高教育活动的质量。

（2）恰当地选择教育内容。教育内容包括具体的活动主题及材料的选取，这是一项教育活动的关键之处，将直接决定其质量的可实施性。在具体选择时，必须注意要选择适应幼儿的经验和认知水平，符合幼儿发展的兴趣与需要，真正地让幼儿从中获益的内容。

（3）合理地编排活动过程。教育活动设计的活动过程编排非常重要，若不能很好地设计这一环节，便会让活动毫无章法，混乱不堪。幼儿教师在编排活动过程时，必须充分考虑幼儿现有的认知水平和循序渐进的接受能力。

（4）妥善地确定组织形式。幼儿教师要按照活动内容本身的特点、能力要求以及最终目的，在集体活动、分组活动、个别活动等形式中选择恰当的形式。在同一个教育活动中，随着活动过程的推进，通常会采用不同的组织形式互相配合。

（5）采用合适的教育方法。一般来说，主要的教育方法有观察法、游戏法、谈话法、实验法、感觉法、发现法、操作法、记忆法等。幼儿教师在进行具体的活动设计时，必须采取与内容相适应的方法。

（6）合理地考虑活动连续性。幼儿教师在进行教育活动设计时，不但要充分注意每次活动应是独立的，还要注意各个阶段的活动之间应有一定的联系。如可以结合植物的生长过程设计一系列的活动。

知识拓展

幼儿园教育活动存在的问题及对策

幼儿园的教学主要以教育活动的形式表现，教学质量与教育活动的设计、组织及开展情况紧密相关。随着教育环境的持续发展，幼儿园的教育教学方法获得了一些改善，教学质量也随之提高。可是依然有许多幼儿园开展的教育活动，不能完全适合幼儿的学习与发展，没有与实践相结合，存在太多问题。

1．教育活动中存在的问题

（1）活动内容比较单一。在幼儿园教育活动中因幼儿教师的一些传统教育思想，不但让教育活动的设计比较死板，还忽视了对幼儿的兴趣引导，使得教育活动失去其自身的意义。

（2）教育目标不全面。当下的幼儿教育过程中，很多幼儿教师依然只把目标放在追求幼儿知识与技能的快速增长上。其问题表现为：过度关注幼儿的表现，或者对表现好的幼儿加以表扬，或者对表现差的施以批评，却忽略了处于中间部分的幼儿，造成教育目标不全面。实际上，教育活动的重要目的是引导，开发幼儿对某些事物的兴趣偏好，而不只是为了教会幼儿某种技能。

（3）忽略幼儿发展规律。教育活动的出发点是为了对幼儿进行正确引导，那么在设计之初，教育活动的目标就必须非常明确且多向。可是在很多教育活动中，幼儿教师并未考虑到幼儿的理解能力有限，把活动目标设计得太宽；此外，活动的目标并不多元化，活动的设计不适合幼儿身心发展的规律。更不好的是，在活动结束后对幼儿表现的评价一定会打击到一部分幼儿的自信心，这将对幼儿的发展产生很大的影响。

2. 解决措施

教育活动中出现的问题并不只是某一个方面的原因，还有很多的因素。这就需要多方面共同努力，才能把教育活动的改革落到实处，从而达到促进幼儿全面健康发展的目的。针对上述的问题，有如下解决措施。

（1）教育活动要具有新颖性、层次感。由于幼儿的好奇心很强，教育活动的内容就不能太单一，因此活动设计必须具有新颖性、层次感。例如，一名幼儿教师在班级里展开的"对垒星期"活动很有成效。这个"对垒星期"活动根据幼儿普遍喜爱的电视节目延伸而来，把活动周期延长为以星期为单位，每天都有不一样的"对垒"内容，包括讲故事、唱歌、朗诵等。实行"推荐制"，让爱表现、积极的幼儿鼓励内向的幼儿上台展现自己。并且幼儿教师不对幼儿的表现做出具体的要求，引导他们自由发挥，在活动之后不对他们的表现进行过多的点评，特别是批评。在这样的活动中，幼儿的自信心获得充分锻炼，思维变得更加灵活，勇于面对困难的信心逐步形成。

（2）活动中多引导少限制。为了激发幼儿的创新能力，幼儿教师应当在活动中把设计的部分交由幼儿来完成。让他们充分地发挥想象力，表达自己的建议，只在错误之处进行引导，不对幼儿进行过多的限制。首先，为了防止幼儿"模仿"教师，活动前只给他们适当的提示，让他们在活动中完全根据自己的想法进行，鼓励他们自己去创造，自己去开发。其次，在活动开始的时候教师不挑选幼儿参加活动，而是鼓励他们积极自愿报名，向他们灌输平等意识，并在活动过程中公平公正，鼓励平时内向的幼儿参与进来，为他们创建一个良好的竞争环境。在活动细节中多设计一些引导性环节，让幼儿主动地去发现问题，并解决问题。这样他们才能愉快地学习，这样才更容易达到教育的目的。

（3）提升幼儿教师的专业技能。幼儿教育要以幼儿为本，从幼儿出发。因此，对幼儿教师来说，就必须改变传统的教育观念。一切的教育活动均应该先考虑是否适合幼儿的身心健康发展，还要引导幼儿在玩乐中学习，而不是一本正经地将幼儿"捆绑"在课堂上。幼儿教师可以按照幼儿好奇心强、活泼好动的特点，因材施教，设计新颖、多样化的活动。想要实现以上的目标，就需要幼儿教师有先进的教育理念，把传统教学转变为引导教学，有培养幼儿自主参与的意识。幼儿教师要不断实践与反思，提高教学活动的成效，主动寻求各种方式来提高教学质量，引导并促进幼儿的全面、健康发展。提高自己的本职意识，做好幼儿教育这一基础环节，为幼儿成长提供良好的发展平台。

主题5　提升激励与评价能力

导语

　　幼儿教师对幼儿发展与进步准确、有效的反应，能为幼儿的发展带来积极影响，因而幼儿教师必须具备有效激励与评价幼儿发展变化的能力。这包括三个方面的能力要求：一是关注幼儿日常表现，及时发现并赏识每个幼儿的点滴进步，重视激发和保护幼儿的积极性、自信心。二是有效地采用观察、谈话、家园联系、作品分析等多种方法，客观地、全面地了解和评价幼儿。三是有效地使用评价结果，指导下一步教育活动的开展。

一、激励与评价

　　评价是教育过程的一个重要环节，是改善教育和促进幼儿发展极其重要的手段，也是幼儿教师自我成长的重要途径。正如《幼儿园教育指导纲要》指出：评价的过程，是教师运用专业知识审视教育实践，发现、分析、研究、解决问题的过程，因此是教师专业能力成长的重要手段。

　　《幼儿园教师专业标准》在"专业能力"部分，将"激励与评价"当作七大专业能力之一。它对激励与评价能力提出了一些基本要求：

　　（1）关注幼儿日常表现，及时发现和赏识每个幼儿的点滴进步，注重激发和保护幼儿的积极性、自信心。

（2）有效运用观察、谈话、家园联系、作品分析等多种方法，客观地、全面地了解和评价幼儿。

（3）有效运用评价结果，指导下一步教育活动的开展。

以上三条要求分别指出了幼儿教师应该评价的内容、评价的方法以及如何运用评价的结果。

为进一步理解以上要求，可以与《幼儿园教育指导纲要》中的相关内容联系起来。《幼儿园教育指导纲要》对教育工作的评价重点和对幼儿的评价重点都作出了具体说明，为幼儿教师指明了评价的内容。

（1）教育计划和教育活动目标的评价：是否建立在了解本班幼儿现状的基础上。

（2）教育内容、方式、策略、环境条件的评价：是否能调动幼儿学习的积极性；能否兼顾群体需要和个体差异，使每个幼儿都能得到发展，拥有成功感。

（3）教育过程的评价：是否能为幼儿提供有益的学习经验，并符合其发展要求。

（4）教师指导的评价：是否有利于幼儿主动、有效地学习。

《幼儿园教育指导纲要》中指出对幼儿发展状况的重点考察内容。内容如下：

（1）明确评价的目的是了解幼儿的发展需要，以便提供更加适宜的帮助和指导。

（2）全面了解幼儿的发展状况，防止片面性，尤其要避免只重知识和技能，忽略情感、社会性和实际能力的倾向。

（3）在日常生活与教育教学过程中采用自然的方法进行。平时观察所获得的具有典型意义的幼儿行为表现和所积累的各种作品等，是评价的重要依据。

（4）承认和关注幼儿的个体差异，避免用划一的评价标准评价不同的幼儿，在幼儿面前慎用横向比较。

（5）以发展的眼光看待幼儿，既要了解现有水平，更要关注其发展速度、特点和倾向等。

二、幼儿教师在激励与评价方面的常见问题

根据有关的调查研究，在评价的实践层面，幼儿教师大多数采用幼儿发展档案袋的评价方式对幼儿加以评价，幼儿教师对评价取向及其他相关方法的掌握还存在不少的问题，具体如下。

（1）忽视评价的重要性。从幼儿教师提交的许多文本材料和研讨活动中的论述可见，很多幼儿教师的关注点更多在自己怎么做，反思更多的也是自身行为，事实上缺乏基于幼儿表现的评价。

（2）观察、记录幼儿发展的能力比较弱。观察的目的是为了识别、评价，评价的目的是为幼儿提供更适合的支持，在这一逻辑链条下注意避免割裂对待每个要素的作用。绝大多数幼儿教师在观察幼儿表现、判断幼儿需求的能力方面比较弱。另外，从幼儿成长档案来看，大多数为幼儿表征的作品与活动照片，真正意义上反映幼儿发展的过程性评价内容比较少。

（3）评价观存在消极评级，缺乏动态性评价。比如，一些幼儿教师惯用横向比较的方式来评价幼儿的不足，或者过多注重幼儿的缺点，忽略其闪光点；静态评价多表现为基于某次活动的表现及完成情况给予评价，缺乏动态性、发展性、促进性的眼光。

（4）评价主体较为单一，往往出现教师或家长一言堂的现象。事实上，在一个相对全面、系统、完整的评价体系中必须包含所有的相关方。譬如，幼儿自评、幼儿他评、幼儿教师他评、家长他评等。然而从目前来看，要么是家长过于听从权威教师对幼儿的评价，要么是幼儿教师受制于家长的评价，多主体评价关系有待进一步完善。

三、提高幼儿教师激励与评价能力

1. 赏识性眼光

每个幼儿都如同富矿，只有教育能挖掘且显示出来。幼儿发展心理学研究已表明，幼儿的发展是有差异的，不同的幼儿在发展的起点、速度、方向以及方式上都不一样，所以，幼儿教师怎样对待这些差异十分重要。目前普遍公认的儿童观，是相信每个幼儿的身上都有闪光点，如果带着这一信念对待幼儿，那么看到的是每个幼儿发展中的点滴进步，并基于幼儿的点滴进步给以及时的、合适的鼓励，进而激发和保护幼儿的积极性和自信心。

2. 全面性眼光

马克思说过："人的全面发展是与人的片面发展相对而言的，全面发展的人是精神与身体、个体性与社会性都获得普遍、充分而自由发展的人。"幼儿教师必须看到幼儿各方面的发展，譬如，一位幼儿教师会很自豪地分享班里某个幼儿的突出特长或者出色表现，有的时候必须谨慎。一是过于关注幼儿的优点容易忽略其有待发展的其他部分，不利于该幼儿的全面成长；二是过于注重某一个幼儿，从横向来看容易忽略其他幼儿的长处，影响幼儿们的积极性。再如，在某个班级里，幼儿教师在进行环境创设时喜欢邀请一些绘画很好的幼儿参与，这无形中是在放大他们的美术长处，很可能带来这样的结果：其他幼儿认为自己是不被邀请的，因而否定自己绘画艺术表征的潜力，而那些被邀请的幼儿容易满足于自己擅长的部分，拒绝新的挑战和尝试。

3. 过程性眼光

单独的一次观察就像用相机拍一张照片，尽管相机不会说谎，可是它也可能歪曲事实。由于我们获取信息的量是有限的，所以，接触信息的片面性极易影响对某一事物或个人的判断。比如，前几年热播的亲子户外真人秀节目《爸爸去哪儿》，有人提出由于镜头剪切的倾向性，很可能存在对某个幼儿的着意刻画或者误解。生活中获得信息也像镜头的捕捉，每个人都避免不了以偏概全，所以对同一个幼儿保持一定时间的观察有利于更加客观、准确地获得与幼儿发展相关的信息。

另外，幼儿的发展与成长并不是停滞不前的，采用过程性眼光某种程度上对幼儿教师的耐心品质提出了要求，也有利于幼儿更加积极地成长。

4. 多方法观察

观察是幼儿教师的一项基本功，从《幼儿园教师专业标准》中的专业能力来看已经多次涉及观察能力。观察可以让幼儿教师觉察幼儿的需求、判断幼儿的发展水平、选择更合适的发展目标和教育活动。所以，提高观察能力是提高评价能力的关键。

很多有关"幼儿观察"的书籍里都介绍了不少的观察方法，譬如，事件取样法、叙事性描述、时间抽样法、逸事记录法、日记描述法、检核法、评定法等。

通过观察幼儿来提高幼儿教师激励与评价的能力，此方法会被许多幼儿教师指责，由于实际工作中组织日常活动已经耗费很多精力，无法将更多精力投入于使用某些工具进行观察和记录。事实上操作困难的原因更多是记录方法上的困难。

对于幼儿教师而言，观察的真正逻辑是：明确为何而观察，观察什么，对于观察到的信息如何作出识别、判断、准确处理。而观察记录的目的是为了更好地将观察的信息应用于评价。

想要解决以上困惑，必须从园级制度、分工层面上来考虑，观察记录的目的在于让幼儿教师学会运用工具获取信息，并加以识别、分析、判断从而读懂幼儿。假如可以运用多种方法观察幼儿，的确是提高教师专业能力的良好方式。然而这并不是我们的终点，真正的终点是为教而观察、为教而评价，必须根据对幼儿的理解提供更合适的支持。

5. 合理有效运用评价结果

《幼儿园教育指导纲要》提出："幼儿的行为表现和发展变化具有重要的评价意义，教师应视之为重要的评价信息和改进工作的依据。"所以，幼儿教师要实现从"对学习的评价"到"促进学习的评价"的转变，把评价结果当作调整和改进教学的重要依据，从而充分发挥评价的改进和促进功能。

一是，充分发挥评价结果在调整和改进教学计划中的作用。幼儿教师要充分利用对幼儿的评价结果，了解教学目标实现的程度、教学内容的适宜性、教学方法的有效性、幼儿的学习成效等，并改进自己的教学行为，反思和调整教学计划，不断提高自己的教学水平。

二是，充分发挥评价结果在改进材料提供中的作用。在组织和实施教学过程中，幼儿教师要根据对幼儿发展水平的了解，有目的地投放教学材料，既要考虑材料的趣味性、多样性，也要考虑材料的层次性、适宜性，以此来满足不同发展水平幼儿的需要。

三是，充分发挥评价结果在改进师幼互动中的作用。幼儿教师要根据自己搜集的评价信息，了解和分析不同幼儿的发展状况和学习品质，对不同性格特点、发展水平的幼儿给予差异化的、适宜的指导，因人而异、因材施教。通过充分发挥评价在改进教学中的作用，不断提高教育教学成效，为促进幼儿的全面发展提供更加适宜、有效的支持。

知识拓展

对幼儿的激励性评价

《幼儿园教育指导纲要》提出：与幼儿交往的态度必须是以"关怀、接纳、尊重"的态度，而不是以一种居高临下的态度。跟幼儿交流时必须"耐心倾听，努力了解幼儿的想法与感受"，在活动中必须"支持、鼓励他们大胆探索与表达"。每个幼儿均有其独特的一面，幼儿教师不能以统一的标准去要求他们，更不要抹杀其个性，应当允许每个幼儿有不同的见解。因而评价无统一的模式，运用语言激励必须基于幼儿的个体差异对症下药，对不同类型的幼儿运用不同的激励方式。

1. 寻找幼儿的闪光点，让幼儿充满自信

在跟幼儿的互动过程中，幼儿教师必须及时发现幼儿的闪光点并给予鼓励和表扬，表扬时必须具体，应直接指出幼儿做得好的地方，而不是简单地给他们贴上"好孩子"的标签，因为给幼儿贴标签的做法不会让他们懂得真正值得表扬的是什么。幼儿教师可以抓住幼儿的一句话、一个动作随时进行表扬，比如给幼儿一个微笑、一个赞许的眼神、摸一摸幼儿的头等。同时还可以用赞许的语言加以激励，譬如"你真棒！""真没想到！""你给了我一个惊喜！"等。让幼儿体验成功的快乐，有意识地培养他们的自信心。

2.幼儿教师的激励性评价要融入真情

幼儿是感性的，他们只有真正体会到幼儿教师真诚的赞扬时，才能对自我产生认可。所以，幼儿教师应当重视激励性语言行为的有效性。在语言激励手段的应用上，幼儿教师不能使用空洞、平淡的语言激励，要尽量使自己的评价语言真实、准确、精辟。这不但需要幼儿教师发自肺腑的真诚，还需要幼儿教师丰厚的文化底蕴。那些人云亦云的"好""棒""你真行"等无味的评价语言会让人觉得言不由衷。在激励过程中，幼儿教师只有发自内心地称赞、鼓励幼儿，才能感染、鼓舞到他们，形成强大的推动力，增强幼儿的自信心。

3.善于用多种方式对幼儿进行激励性评价

除了赞许的话语可以鼓励幼儿的点滴进步，一个充满希望的眼神、一个赞许的点头、一个鼓励的微笑、拍一拍幼儿的肩膀、摸一摸幼儿的头、给幼儿一个拥抱等，均可以传达出幼儿教师对他们的关爱、尊重、信任和激励，这种润物细无声的评价方式更具有亲和力，更可以与幼儿产生心与心的互动，它的作用远远大于随意的口头表扬。

德国教育家第斯多惠说："教学艺术的实质不在于传授，而在于激励、唤醒及鼓舞。"幼儿因为自身心理发展水平的限制，幼儿教师的激励性评价对他们来说，是一种巨大的推动力。假如每一位幼儿教师都能用关爱和包容，适当地鼓励他们、赞赏他们，并且在幼儿教学的每个环节，充分发挥激励性评价的作用，给予他们自信的力量，将有助于他们健康、快乐、自信地成长。

主题6 强调幼儿教师的沟通与合作能力

导语

　　幼儿教师要与幼儿、家长、同事等打交道，应当具备人际沟通与合作的能力。具体来说，幼儿教师的沟通与合作能力包括五个方面：一是应用符合幼儿年龄特点的语言进行保教工作。二是善于倾听，和蔼可亲，与幼儿进行有效沟通。三是与同事合作交流，分享经验和资源，共同发展。四是与家长进行有效沟通合作，共同促进幼儿发展。五是协助幼儿园与社区建立合作互助的良好关系。

一、沟通与合作能力

　　沟通与合作是幼儿教师开展教育活动的重要方法与手段。幼儿教师很多教育实践的部分，均是经过沟通与合作得以实现的。所以说，它实为幼儿教师一项很重要的专业能力。

　　沟通与合作能力是我们生活中不可或缺的一种能力，对于幼儿教师来说尤其重要。幼儿教师工作中面对的是纯真无邪的幼儿、他们的家长以及平日里相处的同事，如想顺利地开展各项工作就离不开沟通与合作能力。

　　《幼儿园教师专业标准》对沟通与合作能力提出了这些基本要求：

　　（1）使用符合幼儿年龄特点的语言进行保教工作。

（2）善于倾听，和蔼可亲，与幼儿进行有效沟通。

（3）与同事合作交流，分享经验和资源，共同发展。

（4）与家长进行有效沟通合作，共同促进幼儿发展。

（5）协助幼儿园与社区建立合作互助的良好关系。

上述五项基本要求是从幼儿教师与幼儿、幼儿教师与同事、幼儿教师与家长、幼儿教师与社区这四对关系的角度提出的。

高质量的师幼互动为幼儿教师对幼儿的适当支持提供了支撑；同伴互助性的有效沟通是教研活动、教师培训的有利前提；与家长进行更有效的沟通能够进一步促进家园共育；与社区建立良好合作互助关系能够更好地推动、整合课程资源，丰富幼儿经验。

以上这些方面可以说是幼儿教育领域的工作重心，而幼儿教师沟通与合作能力有效地联结了以上这些工作要点的内容。

二、幼儿教师在沟通与合作上存在的主要问题

目前，幼儿教师在沟通与合作方面针对对象不同，存在着不同的问题。但幼儿教师与幼儿、家长沟通与合作中出现的问题特别突出。

1. 幼儿教师与幼儿沟通与合作中存在的问题

（1）师幼交流互动不太密切。在幼儿园中，有的幼儿教师与幼儿的互动不够密切，他们仅仅是在课堂上讲解知识，没有与幼儿进行互动交流。在此情况下，幼儿无法理解老师所讲的内容，也难以积极参与到课堂中来。

（2）师幼交流互动缺乏情感。有的幼儿教师与幼儿的互动缺乏情感交流，他们仅仅是在课堂上讲解知识，未与幼儿进行情感交流。在此情况下，幼儿无法建立起对老师的信任关系，也难以在情感上获得满足。

（3）师幼交流互动缺乏个性化重视。有的幼儿教师与幼儿的互动缺乏个性化重视，他们仅仅是根据课程表上的内容进行教学，并未根据幼儿的个性特点进行教学。在此情况下，幼儿无法得到个性化的重视，也难以在学习上获得更好的发展。

2. 幼儿教师与家长沟通与合作中存在的问题

（1）交流缺乏主动。有的幼儿教师刚参加工作不久，性格较腼腆，不太好意思主动与家长沟通。有的认为自己的文化修养不够，担心在沟通中出现解释不了的问题或者在家长面前暴露自己的缺点。

（2）交流角色错位。幼儿教师与家长间的沟通与合作，老师占据权威的角色，家长似乎只能被动接受，如此一来极易产生误解。

（3）交流时间太短。幼儿家长与幼儿教师交流持续时间大多数在2分钟之内，绝大多数家长都是选择在接送幼儿时与幼儿教师交流，短短的几分钟交流时间并不能全面沟通幼儿在园的情况。

三、提升幼儿教师沟通与合作能力的对策

提升幼儿教师沟通与合作能力，主要有如下对策。

1. 提升与幼儿沟通与合作能力

（1）强化师幼交流互动的密切程度。幼儿教师必须强化与幼儿的互动，与幼儿进行交流，了解幼儿的需求与兴趣，按照幼儿的需求和兴趣进行教学。与此同时，幼儿教师必须注重与幼儿的情感交流，构建起与幼儿的信任关系，使得幼儿在情感上获得满足。

（2）重视师幼互动的情感交流。幼儿教师必须重视与幼儿的情感

交流，了解幼儿的情感需求，按照幼儿的情感需求进行教学。与此同时，幼儿教师必须重视对幼儿的个性化关注，按照幼儿的个性特点进行教学，让幼儿在学习上获得更好的发展。

2．与家长建立有效的合作关系

（1）建立家长与幼儿教师、家庭与学校双向沟通的渠道，譬如微信小程序、邮件等。双向沟通的模式能够帮助家长了解和掌握孩子在幼儿园的情况，也能够帮助幼儿教师了解和掌握幼儿在家里的情况，同时让家长感觉到学校对孩子的重视。

（2）幼儿教师要定期举办亲子教育讲座与活动，帮助家长了解幼儿的教育方式、成长特点和情绪管理等。这可以让幼儿教师与家长保持紧密联系，也有利于家长间进行经验分享和互助。

（3）有效增加家长对幼儿园的归属感，可以邀请家长到幼儿园当图书馆义工，也可以定期邀请家长到班级中讲故事或者进行分享等。

知识拓展

幼儿教师与幼儿沟通的心得体会

想要真正建立良好的师生关系，幼儿教师应当学会悉心体察幼儿富于变化的心灵，达到心与心的沟通。在沟通过程中，要按照实际情况，运用幼儿自身品质、幼儿教师的人格魅力等达到心与心交流的目的。下面就如何与幼儿沟通这一具体工作，谈一谈我的看法。

1．营造氛围，真诚沟通

不论在什么活动中，幼儿教师都应努力创造出一种融洽、和谐的氛围，让幼儿主动参与活动，真诚地与他人沟通合作。与此同时，幼儿教师也要积极参与到幼儿的活动中去，倾听幼儿的心声，同幼儿产生共鸣，努力调节好自己的心境，倾情参与活动；让幼儿有如沐春风的感觉，体会到周围的真挚感情，坦诚地面对自己在活动中所有的表现。幼儿因为年龄小，形象思维丰富，感性认识充分，教师的思想、情绪的轻微变化都能给他们带来巨大的影响。例如，教师情绪低落或者发脾气时，幼儿便会无所适从，也高兴不起来，甚至产生恐慌的情绪；教师情绪高涨的时候，幼儿也会随之兴奋起来。因此，幼儿教师的倾情投入是整个活动得以顺利进行的前提和基础。治病要对症下药，解决问题更需追本溯源。在我们的工作中，可能会遇到各种问题幼儿，可是无论如何，与幼儿的真诚沟通是最重要的。

2. 学会尊重，满足需求

虽然幼儿年龄还小，但是他们也有自己的人格，作为幼儿教师无权把自己的观念强加给幼儿，应当将幼儿当作朋友看待，学会尊重幼儿的人格。我经常发现，幼儿希望教师的注意力全在他一个人身上。有的时候，幼儿恐怕你看不见，会扯扯你的衣服；害怕你听不见，会踮起脚，对着你的耳朵说话。随着幼儿年龄的增大，尤其是幼儿到了大班，通常会让成人觉得他们不太听话，往往出现与成人对抗的情绪，而这些举动的出现，实则来自幼儿内心对尊重的需要。此时，幼儿教师应注意幼儿的这些心理需要，要以积极主动的态度来尊重幼儿，对他们所做的抚摩、一丝鼓励的目光，会让幼儿感到与教师交流中有一份被关注、被重视、被尊重的满足感。

3. 学会信任，积极倾听

要与幼儿沟通，必要条件则是学会倾听。让幼儿通过语言将所有的感情包括积极的和消极的都---表达出来，是对幼儿最大的保护。特别当幼儿犯错时，许多幼儿教师习惯于采用批评教育的方法，实际上，这种方法通常不能从根本上解决问题，反而让问题潜伏下来，成为师幼之间的一道情感障碍。恰如一位教育心理学专家所说：当你滔滔不绝而幼儿沉默不语或点头称是的时候，并不意味着问题的解决，这只不过是幼儿想尽快逃脱你的喋喋不休的一种手段罢了。想要让问题得到真正的解决，幼儿教师首先要学会倾听，只有积极倾听幼儿的诉说，幼儿教师才能捕捉到其需求与愿望，准确地找到解决问题的切入点，走进幼儿的内心，应用幼儿愿意接受的方式、方法，从根本上解决问题。

主题7　注重培养幼儿教师的反思能力

导语

不断地反思是教师作为专业人士的重要标志，幼儿教师跻身专业行列，也应当具备反思的能力，它包括三个方面的能力要求：一是主动收集分析相关信息，不断进行反思，改进保教工作。二是针对保教工作中的现实需要与问题，进行探索和研究。三是制定专业发展规划，积极参加专业培训，不断提高自身专业素质。

一、反思性思维的特征

反思是幼儿教师的一项重要能力，是一项解决教学中所遭遇问题的能力。幼儿教育专家认为，能在行动过程中进行反思是掌握反思方法的最终目的。获得反思的能力，有利于幼儿教师更好地理解教学中遭遇的问题，这些反思功能往往在教学过程中被作为教学目标。反思性思维具有如下特征。

（1）反思性思维具有持续性、系统性。幼儿教师的反思不仅仅是活动后反思，应当把反思贯穿在活动的始末，即活动开始的设计、活动的实施过程、活动的结果，要把反思看作一个动态的发展过程，从活动的整体进行反思，从活动的纵深方向进行反思。

（2）反思性思维具有一定的发散性、超越顺序性。这种思维的核心就是由一逐多的思考方式，不拘泥于一条思路，从多维度进行思考分析，由一个方向转向多个方向。

（3）反思性思维具有情感性。它不仅要有智力加工，而且要有情感因素的支持。对于幼儿来说，幼儿教师的情感比什么都重要。温暖的、开放的和善解人意的幼儿教师，才可能改善课堂气氛，进而调动幼儿进行积极的思考。

二、幼儿教师反思能力培养中存在的问题

幼儿教师反思能力培养中存在如下的问题：

一是幼儿教师忽略了关于反思能力的相应培养。大多数幼儿教师能认识到教学反思的重要性，然而其反思还停留在被动反思阶段，大多是为了完成幼儿园制度的要求，缺乏对自身行为和相关问题的清晰认知，没有厘清为何反思、如何反思。

二是幼儿教师反思意识的形成，受到其自身发展意愿不够强烈的阻碍。教师若要提升自身的反思能力，就必须具有对自身发展的追求。其自我反思通常无法提升至深层次与高水准的阶段，简单的反复与模仿，很难使其得到更高的提升以及质的飞跃。对学生素养与能力的提升，是新课程改革里的重中之重，不过在实际的教学实践活动中，很多教师的关注点仅在自身，例如已有的教学行为、教学效果、后续活动等详细的实施层面问题，通常只关心自己对教学任务的完成情况以及对升学率的提升，故而教师应予以改正。

三是教学反思的问题单一。对教学过程出现的问题经常是那几个，多是停留在表面，大多数幼儿教师没有进行更深层的反思。

三、培养幼儿教师反思能力的基本对策

1. 对自身进行审视，努力提高反思能力

为满足社会对幼儿教师相关发展的更高需求，幼儿教师应摆脱以往工具型角色的束缚，努力探寻自身发展的重要性。加大对反思意识的培养，要应用于教学中，更要使教师本身具备较强的自我反思意识。身为教师，应意识到自我反思的意义，要彻底地认识到教学、教育的反思对教学能力提升的意义，了解反思可以让教师在教学过程中改良固有的认识，使自身水准得到提升。

2. 养成自我反思的习惯

在教学过程中，若一位幼儿教师是渴望成功、勤于反思的，那么这位幼儿教师便会将每堂课当作一次全新尝试的机会，并针对课程目标与内容创建不同的授课情境，积极应对幼儿不同的反馈，基于授课过程里每一次师生间的互动，都会引发全新的思考及创新。因而，幼儿教师应该对每节课都做出深层次的思考与积极的改进，这需要幼儿教师为此花费大量时间及精力，并具有较强的反思能力。此外，幼儿教师若要做到自觉、长期的反思，还需要以强烈的责任心为前提，以坚定的意志力为保障。如果幼儿教师取得成果的同时，还能继续保持自觉、长期的自我反思，形成良好的反思习惯，那么对幼儿教师自身的发展与进步会形成终生的良性循环，可持续发展。

3. 拓宽培养途径，掌握反思的科学方法

第一，在读书中检验自我。要做到反思意识的觉醒、能力的增强，系统的理论学习是必需的。若把实践活动所显现的问题提炼到理

论层面，并进行相应的反思，必然能探索出问题的根源。幼儿教师在具备反思能力的同时，还需要具备较高的教育、教学理论水准。系统、完备的理论可以为幼儿教师提供一系列批判的准则与工具，从而推动幼儿教师在更为开阔的眼界中去审阅、反思自身的思想与行为。

第二，将对自我反思的学习投放到日常的教学经历中。幼儿教师分析自己的教学经历可以增强其对自己的反思，自我反思的意识及相应能力可通过经历来实现。幼儿教师分析自己的学习经历也是增强反思意识和反思能力的重要途径。

4. 认真学习《3～6岁儿童学习与发展指南》

只有读懂了《3～6岁儿童学习与发展指南》，才能更好地培养幼儿教师的反思能力。《指南》对幼儿教育提出了明确的要求，如对健康领域、语言领域、社会领域、科学领域、艺术领域的目标、实施以及需要注意的问题作了详细的规定。熟读《指南》后，幼儿教师在反思过程中就有了方向，知道了方法，在反思过程中更能突出重点。

总之，对教学、教育的反思，也是珍贵的教学、教育资源之一，幼儿教师应在工作之余反思自身在教学、教育全过程的每个环节，只要长期坚持反思，一定会使自己的教学水平更上一层楼。

知识拓展

提高幼儿教师教学反思能力的途径

1. 创设一个良好的教学氛围

幼儿教师的教学反思与适宜的客观环境有着很大的关系。幼儿园是幼儿教师工作和学习的主阵地，对促进幼儿教师积极、主动反思自身的教育教学实践发挥着巨大的作用。一是幼儿园要在引导幼儿教师反思、促进幼儿教师反思、评价幼儿教师反思上搭建平台，形成制度；二是幼儿园要为幼儿教师的教学反思营造一种宽松、和谐的人际关系，创造一种温馨、团结、向上的氛围以及民主、信任、协作的同事关系，这是幼儿教师积极发现、勇于承认教学中的问题并虚心向他人学习的重要外在环境保障与支持。

2.加强教学反思的理论学习

理论知识并不等同于教学活动本身，然而它却对教学活动具有很强的指导作用。只有把实践方面的问题上升到理论层面并进行剖析，才能找出根本的、深层的原因。所以，对理论的学习和思考也有利于幼儿教师将外部理论转化为现实教学实践。教学反思对幼儿教师各方面的能力要求都比较高，只有提高幼儿教师自身理论知识和丰富自身知识储备、学科内容等，才能更有效地实施教学反思。

3.加强教育教学活动中的反思能力

（1）反思教育教学活动方案的设计。在教育教学活动方案的设计上，主要从三个方面反思：一是教育活动目标的制订是否以《3~6岁儿童学习与发展指南》《幼儿园教育指导纲要》所提出的各领域目标为指导，结合本班幼儿的发展水平、经验和需要来确定。二是教育活动内容的选择是否与本班幼儿发展水平相适应，同时又促进幼儿发展。三是教育教学活动的准备是否围绕活动目标和教育内容来创设相应的学习环境；投放的活动材料是否安全、卫生，是否便于幼儿操作、观察、尝试、探索。

（2）反思教育教学活动方案的实施过程。关于教育教学活动方案的实施过程，重点从三个方面反思：一是教育活动内容的组织是否考虑幼儿的学习特点和认识规律；是否注意寓教育于游戏活动之中。二是教师的指导是否注意激发幼儿学习兴趣；是否为幼儿提供了相互学习和自由交往的机会，是否灵活地处理了偶发事件，具有应变能力。三是教师是否以关怀、接纳、尊重的态度与幼儿交往；是否关注幼儿在活动中的反应，敏感地察觉幼儿的需要并及时以适当的方式应答，形成合作探究式的师生互动。

（3）反思教育教学活动方案的实施效果。关于教育教学活动方案的实施效果，重点从以下方面反思：幼儿学习后的发展状况，活动产生了哪些非预期的结果，教师通过这一活动的实施获得了哪些提高，等等。

4. 在集体研讨中提升教学反思能力

某幼儿园每学期公开课后都会集中全体教师开展一次教研活动，大家针对近一段时间出现的困惑或疑问集中讨论，自由发表自己的见解，大胆地提出自己解决问题的思路，即便出现认识上的冲突，也是一个智慧碰撞和切磋学习的机会。因此，进行集体研讨，一是要求幼儿教师互相观摩彼此的教学，要求幼儿教师详细记录他们所看到的情景；也可用照相机、摄像机将幼儿教师的活动拍下来、录下来，组织幼儿教师观看。二是要求每一位观摩的幼儿教师都写教学活动反思；每个幼儿教师以自己教学中所积累的经验去分析问题，促使大家各自思考，扩展自己的经验。三是大家聚集在一起进行研讨，每个幼儿教师都应积极参与。

5. 多外出观摩学习

古话说："闭门造车，出门不合辙。"很多园长、幼儿教师正是通过这种直观的学习方式借鉴其他幼儿园的好经验，促进了自身教育观念的转变和教育技能的提高。教学观摩，不但要关注幼儿园的物质环境，更要关注它的精神环境；不但要关注幼儿教师，更要关注幼儿；不但要关注幼儿教师精心准备的教育活动，更要关注一日生活的各个环节；不但要关注当天的活动情况，更要关注活动的生成过程及其所体现的教育思想。

因此，幼儿教师要抓住每一个学习观摩的机会，细心体会、积极思考、用心揣摩、反复推敲、寻其奥妙，找出自己的差距，不断充实和提高自己的教学反思能力。提升教学反思能力是时代对幼儿教师的新要求和新目标，只有行动起来，把反思行为变为自主的、习惯性的行为，才能在反思的层面上再学习、再提高，做一名终身学习的幼儿教师。

专题四

幼儿教师应具备的素质

幼儿教师肩负着幼儿教育的重任，其素质直接关系到一代人的成长与发展。新世纪对幼儿教师的素质培养提出了更全面和更高层次的要求。幼儿教师应努力按照幼儿发展的客观规律来教育幼儿，力求使幼儿获得最优的发展。面对幼儿园的实际工作，幼儿教师应具备五大素质：责任心、童心、平常心、求知心、创新心。

主题1　责任心——为了幼儿，成就自我

导语

　　责任心是人们自觉地做好每一件事情并负责到底的决心或信念。责任心对幼儿教师来说非常重要，一个合格的幼儿教师，首先要具备的条件是责任心。幼教工作要求必须对幼儿负责、对家长负责、对幼儿园负责。没有强烈的责任心，一切都无从谈起。因此，幼儿教师具有责任心，不但有利于事业，更有利于自身的发展。

一、幼儿教师责任心的重要性

责任心是指在从事职业活动时，以对自身作为从业者和对社会利益的真正关注为前提条件，尽职尽责，作出良好表现，并且能认识到自己所从事职业的重要性和影响。在幼儿教师这个职业中，职业责任心是至关重要的，因为它通过教师的言行对幼儿的经验、情感和知识进行塑造。具体而言，责任心对幼儿教师来说具有如下重要性。

1. 保育工作的需要

在保育工作上，由于幼儿的自我保护能力较差，生活自理能力不强。因此，这些幼儿需要幼儿教师的帮助与引导。在一日活动中，幼儿教师要做到眼里、心中时时刻刻有幼儿，降低和消除不安全因素，保证幼儿的生命安全，这是最起码的要求。例如，督促幼儿不做危险

动作，活动前检查场地是否安全等。

2. 教学工作的需要

在教学工作上，幼儿教师按照每个主题内容，并结合班级幼儿现有水平等情况设计教学活动，分析活动的重难点，熟悉活动过程，预想活动中幼儿可能出现的反应等，这样才能让每个幼儿在活动后都有所获益。

3. 言传身教的需要

在言传身教上，幼儿阶段极易模仿，教育幼儿不应仅仅靠语言，更重要的是身教。所以，一名有责任心的幼儿教师应当以身作则，树立良好的教师形象，让幼儿有模仿的榜样。

4. 家长的需要

家长将孩子交到幼儿教师手中，他们交出的是一份信任，对于幼儿教师来说必须把这份信任化作一份责任，尽心尽力将每个幼儿当作自己的孩子一样来疼爱和教育，并与家长多沟通，用真诚的态度和实际行动回馈家长的信任。

5. 幼儿园的需要

作为一名合格的幼儿教师，应当对幼儿园负责，对每一个幼儿负责。这就要求幼儿教师应具有强烈的责任心，严格地遵守幼儿园的各项规章制度，严格地遵循学校办园的宗旨，主动完成本职工作，努力把工作做得更完美，为幼儿园树立良好的形象。

二、幼儿教师责任心体现方式

幼儿教师是一份需要高度责任心的职业。因为幼儿教师是幼儿成长过程中的陪伴者和引路人，需要时刻保证幼儿的安全，并为他们提供有益的教育。以下是幼儿教师在工作中有责任心的体现。

1. 为幼儿的身体健康和安全负责

好的幼儿教师应该始终关注幼儿的健康和安全。这意味着幼儿教师必须掌握幼儿保健方面的一切信息。例如，保持环境清洁和卫生，提供健康食品，避免传染病的传播，确保幼儿的安全，等等。幼儿教师应密切关注幼儿的状况，并根据他们的个人情况来制定合适的保健措施。

2. 对幼儿学习环境的改进进行积极的实践

好的幼儿教师也应当努力为幼儿提供更好的学习环境。这包括设计学习计划、课程和课程外的活动，来确保幼儿的兴趣和好奇心得到满足。通过积极实践细化幼儿的个性差异，引导他们逐渐发现自己的兴趣、天赋和爱好，培养和巩固幼儿的学习习惯。

3. 依据幼儿的需要进行适当的调整

好的幼儿教师会随时注意到幼儿的变化。若一名幼儿出现焦虑、抑郁或其他症状，幼儿教师应当及时与幼儿及家长进行沟通、合作，帮助幼儿思考解决问题的方式。假如一部分或者全部幼儿学习成绩有所下降，幼儿教师也应当采取相应的改进措施并与家长交流。

4. 始终以幼儿的利益为重

好的幼儿教师应该始终以幼儿的利益为重，而不是将他们仅用某种身份或某些家庭背景来区分。这可能需要教师付出更多的时间去了解每个幼儿的个性特点，以及了解幼儿可以从幼儿园中得到什么价值，并正向激励幼儿，建立起良好的师幼关系。

三、幼儿教师责任感培养对策

1. 创造良好的社会环境

幼儿教师作为一个特殊的社会群体，社会要通过某些方式给予支持，以鼓励其提升职业责任感。一是改善薪资待遇。当前，我国幼儿教师的薪资水平普遍较低，其付出的时间和精力与薪资水平不成正比，这种不公平的薪资现象严重影响了幼儿教师的心理平衡，大大打击了幼儿教师的工作热情。因此，国家要增加对幼儿教育的投入，提升教师的薪资水平，从而提升其工作热情，增强其培养职业责任感的积极性和主动性。二是实行"同工同酬"。目前，我国学前教育经费都投放到了公办幼儿园，民办幼儿园得不到政府支持，使得同一地区幼儿教师的待遇存在差异。为了解决这个问题，要实行"同工同酬"，消除身份差异。根据教师的能力和表现给予工资，激发幼儿教师的职业责任感。

2. 幼儿园要建立引导机制

在社会大环境之外，幼儿教师提升其职业责任感的任务还需要幼儿园的辅助。第一，幼儿园要更新管理模式，坚持以人为本的理念。园长要充分理解幼儿教师的工作，并给予极大的认可，以增强其职业责任感。同时，园长还要对幼儿教师给予极大的尊重，满足其物质和精神层面的需求。对于感到困惑或者迷茫的教师，要及时对其进行疏导，让教师产生归属感，从而促使教师充分发挥自己的主体价值，以切实增强其责任感。第二，建立科学的评价机制、奖励机制和问责机制。在评价机制建立的过程中，在制定评价标准时，要切实关注每个幼儿教师的活动。在评价时，要发掘每个教师的闪光点，发现其优点，满足幼儿教师的自豪感。对于考核优秀的教师要给予物质和精神奖励；对于考核不佳的教师要给予鼓励，帮助其成长。此外，还要增强教师的危机意识，在日常活动中，注重责任的可负性，预测行为后果，以免造成不良后果。第三，建立交流平台，加强教师与家长的沟通。比如，利用手机、微博等现代通信工具加强教师和家长的互动，交流孩子在园内的情况，如通知家长某些活动需准备和携带的材料，邀请家长参加某些活动等。通过积极的沟通和交流赢得家长对幼儿教育工作的支持，为培养教师职业责任感提供良好的动力和有效的途径。

3. 幼儿教师提高自身素质

首先，幼儿教师要学会调整工作心态，增强对工作的热情，缓解幼教工作带来的巨大压力，调整和控制自己的情绪，主动承担幼儿教育责任。其次，通过不断学习提高专业理论水平和实践能力。幼儿教师可以通过网络和函授等方式进修学习，在学习理论知识的同时，了解国外先进的教育理念，并在日常教育中有意识地渗透这些理念，提升其实践能力，增强其职业责任感。最后，加强交流。幼儿教师不仅要做好幼儿的保教工作，还要了解幼儿的身体和心理发展。为了做好这些，教师就要对每个幼儿进行全面了解，了解的基础就是交流和沟通。教师与幼儿进行沟通，获得幼儿喜爱，建立友好的关系，从而培养其职业责任感。同时，幼儿教师还要做好与家长的沟通，得到家长的认可，激发工作的责任心，从而实现教师职业责任感的培养。

知识拓展

一名幼儿教师对责任心的体会

作为一名幼儿教师，我认为对每个幼儿负责任就是对使命最好的担当。一个人肩上能挑多重的担子取决于其对这份工作的态度和热情，"爱岗敬业"不是口号，而是将每个细节落到实处。做每一件事的时候，把责任心摆在第一位很重要。

作为一名平凡且普通的幼儿教师，教育好幼儿是我们的最终目标，要想实现这个目标，就需要我们在常规保教工作中全方位地拿出我们的专业和爱心，力争给每个幼儿充足的发展空间。

想要担当起时代的使命和历史的责任，对于基层的我们来说，那就是"用心、用爱来做好每一件事"。细化到从帮助幼儿擦鼻涕到教他们自己学会擦鼻涕，这些学习和教育的过程便是幼儿教师最好的教育契机。我们并不一定要求幼儿在集教活动中学到了什么，我们需要的是在幼儿的点滴中发现情况之后适时去教育。在幼儿园里，教师对幼儿来说，不但是知识的传授者，而且是什么都会的、像爸妈一样的"老师"，幸福感随之而来。幼儿教师就是这样在工作中获得满足感的。

作为一名平凡的幼儿教师，至少在工作中我们应当一心一意地付出，为幼儿全面、和谐发展做出最大的努力，要当好幼儿眼中的"老师"，那不仅是一句称呼，而且是幼儿对您足够喜欢和认同的体现。

新的时代赋予我们全新的责任和使命，我们应竭尽全力将幼儿教师的身份摆在新高位，让更多的人重新认识幼儿教师这一光荣而伟大的职业。

主题2　童心——理解幼儿，摆正自我

导语

　　大教育家苏霍姆林斯基说过这么一段话："在寻找童年这座神话之宫的入口的时候，我总以为有必要在某些程度上把自己变成一个小孩子。只有在此情况下，孩子们才不把你当作一个监护这个世界的看守人，一个对世界发生的事漠不关心的人。"同样，幼儿教师也需要一颗童心，这是一种教育的智慧，一种理性的自觉，一种返璞归真的本性。如果幼儿教师有了童心，便会试着去理解，理解幼儿所思、所想、所需。只有明白了幼儿的想法，才能从幼儿的需要着手，才有可能去积极影响他们。

一、幼儿教师的童心在教学中的作用

何谓童心？童心就是儿童天真纯朴之心。人不可能永远处在儿童时代，然而他却可以永远拥有一颗童心。保持童心，是指幼儿教师保持对幼儿的善良之心，保持对事业的创造之心，保持对生活的热情之心。

在幼儿教育过程中，幼儿教师有一颗童心十分重要，幼儿教师的童心既可以有效拉近师幼之间的心理距离，又可以调动幼儿的学习兴趣，对教学产生积极的作用。

1. 幼儿教师的童心有利于师幼之间的沟通与交流

幼儿有极强的依赖心理，离开父母，幼儿的安全感会受到挑战，所以，对于幼儿来说，离开父母进入幼儿园，为了找回内心需要的安全感，许多幼儿会将对父母的依赖心理转移到幼儿教师身上。若这种转移能够有效实现，不但有利于幼儿的身心愉悦，而且有利于课堂教学的顺利进行。如何才能实现师幼之间有效的交流，使幼儿更信任教师，愿意与教师亲近呢？其中，教师的童心发挥着重要作用。

幼儿教师有一颗童心，有利于幼儿教师从幼儿的角度去考虑问题，去深入了解幼儿的心理状态。幼儿教师从幼儿的角度出发，去理解幼儿，去关心幼儿，更容易实现师幼之间的沟通与交流，使幼儿愿意与教师亲近。比如，现在的幼儿一般比较自我，在与其他小朋友产生争执的时候不易从对方的角度出发去考虑问题，幼儿教师有一颗善于理解幼儿的童心，就可以从贴近幼儿真实想法的角度出发，去与幼儿沟通与交流，不仅能有效调解幼儿之间的矛盾，还能让幼儿认识到自己的错误，帮助幼儿健康成长。

2. 幼儿教师的童心有利于创建活跃的课堂教学氛围

幼儿处于认识世界的重要时期，在幼儿眼里，所有的事物都是新鲜的，幼儿生活的环境会对其产生较大的影响。轻松愉悦的环境有利于幼儿形成活泼开朗的性格，压抑的环境很可能会使幼儿变得比较内向，不善于与人接触。幼儿大部分时间都是在幼儿园度过的，所以，课堂教学环境对幼儿的成长非常重要。

幼儿年龄小，本身不具备活跃课堂气氛的能力，只有在教师的引导下，幼儿才能活跃起来。所以，创建活跃、轻松、愉快的课堂教学氛围的重任就落在了教师身上。

作为一名幼儿教师，应当有一颗不老的童心，它能够使教师本人也变得更加活泼开朗。童心能够使教师的语言更加贴近幼儿，教师的动作更加活泼、放松，教师的笑容更加灿烂，教师就像光芒四射的太阳，将温暖送给每一个幼儿。在这样的课堂上，幼儿既学到了知识，又感到开心、快乐，对幼儿身心的健康成长都有很大帮助，同时，也有效培养了幼儿的学习兴趣。

3. 幼儿教师的童心有利于提高教师的工作热情

俗话说："干一行爱一行。"只有有了这样的工作态度，才能将工作做到最好。想要达到这种工作状态，最重要的就是要对工作有浓厚兴趣。幼儿教育是一项肩负重大责任的工作，同时也是一项很辛苦的工作，既需要幼儿教师有积极的工作态度，又需要幼儿教师有奉献精神，如果不具备以上条件，很难有工作的热情。

幼儿教师的一颗童心，不但能带来快乐，还能使教师产生无限的爱心和工作激情。进行幼儿教育，不仅需要幼儿教师有扎实的专业技能，还要有一颗爱心，并将对幼儿的爱渗透到教学中，而幼儿教师对幼儿的爱一部分正是源自童心。对幼儿的爱能够使幼儿教师产生无限的工作激情和奉献精神，更好地对幼儿进行教育与引导，使幼儿在教师的关爱下快乐成长。

4. 幼儿教师的童心有利于教学行为从幼儿实际出发

新课改以来，提出了很多新的教学理念，要求各个教学阶段的教育工作者都要认真学习并付诸实践。幼儿教育阶段也是一样，传统的幼儿教育方式已经无法适应现代儿童成长的需要，也需要改变传统的教学理念，在新的教育理念指导下，促进幼儿更好地成长。新课改的一个具有历史性的教学指导思想就是"树立学生在课堂教学中的主体地位"，这一教学理念要求幼儿教师尊重幼儿的课堂主人翁地位，以幼儿为本开展教学。幼儿教育有其自身特点，幼儿教师既要贯彻新的教学理念，又要以幼儿的实际情况为出发点施教。想要做到以幼儿为一切教学活动的出发点，应当建立在了解幼儿实际情况的基础上。

幼儿教师的童心，有利于幼儿教师从幼儿的角度去看待问题，去理解幼儿的行为，去探究幼儿的心理，去掌握幼儿的心理需求，从而设计出更适合幼儿的课堂教学，真正做到教学活动从幼儿的实际情况出发，使幼儿在课堂教学中的主体地位真正落到实处。

5. 幼儿教师的童心有利于幼儿综合素质的提升

传统幼儿教育中存在这样的教学理念：为了让幼儿赢在起跑线上，从幼儿时期就要狠抓文化课教学。如此的教学理念会造成幼儿面临很大的学习压力，幼儿失去了应该有的美好童年。现代教育要求实现幼儿的全面发展，尊重幼儿的天性。喜欢玩耍是幼儿的天性，所以，幼儿教师要对幼儿进行必要的文化课教学，更要尊重幼儿的天性，让幼儿全面发展。

幼儿教师的童心有利于教师从幼儿的角度去考虑问题，了解幼儿喜欢什么，对幼儿科学施教。同时童心还有助于幼儿教师以现代教学理念为指导，将现代教学理念真正贯彻到教学中去，促进幼儿的全面发展。譬如，幼儿教师根据幼儿喜欢做游戏这一心理，在教学过程中适时组织幼儿做一些有意义的小游戏，让幼儿在游戏中学习，寓学于乐，既释放了幼儿的天性，也实现了教学的目标。

二、聆听童言，走进童心

著名作家冰心曾经说过："童年是梦中的真，真中的梦。"是的，童年是美好的、灿烂的，尽管幼儿教师早已远离了童年，可是与正处于金色童年的幼儿们一起共度美丽时光，很有幸福感。幼儿教师要走进幼儿的心，促进幼儿的身心健康地发展。在教学生活中，幼儿教师需要拥有一颗宝贵的童心，聆听童言，共享童趣。

1. 童心未泯，收获教学的精彩

童心就像小鸟一样，在想象的天空中自由地飞翔。童心能给幼儿带来许多美丽的故事，让幼儿享受到澄澈透明的快乐。

女作家乔叶曾经讲过这么一个故事：她在上小学时，有一堂语文自习课，她没有按照老师的要求做练习册上那些机械重复的题目，只是对造句和看图作文感兴趣。老师突然来到她身边，抽走了她的练习册，这让她惶恐不安。可老师并没有对她练习册上大片大片的空白大发雷霆，而对她的句子"花骨朵儿们正在聚精会神地倾听春天"产生了兴趣。老师真诚地夸赞："非常好，很有想象力，多有灵性啊！"随后问道："为什么不说倾听春天的脚步呢？"小乔叶反驳道："有时候春天来是没有脚步的，是披着绿纱乘着风来的。"老师听了大加赞赏。从此之后，小乔叶的文学才能喷薄而出，走上了作家之路。感谢老师也跟她一样拥有一颗纯真的童心，理解童心，爱护童心。我们在教学生活中经常发现，幼儿会有许多奇思妙想，会有许多跟我们大人不同的想法，也许这就是珍贵的教学资源，也许这就是快乐的源泉，也许这就是生命的精彩。

2. 童言无忌，创造教学的快乐

幼儿的语言是丰富多彩的，是充满想象力的，仔细倾听幼儿的语言，会收获许多意想不到的快乐，巧妙运用儿童化的语言，也能创造出课堂上出乎意料的快乐。

夏天煮好的绿豆汤，在大人的眼里无非就是绿豆加上汤水，可是幼儿却说："绿豆宝宝在洗澡啦！天气太热啦！"

有一次，3岁的幼儿一本正经地问老师："老师，天上为什么会下雨？"老师就在脑海里搜索所有相关的自然知识，绞尽脑汁地想，该怎样告诉幼儿雨是怎样形成的，又是怎样降下来的？幼儿看老师半天没反应，就兴奋地跟老师说："老师，我知道了。老天爷感冒了，打喷嚏又流鼻涕，所以又打雷又下雨。老师，你给他喂点感冒冲剂就可以了。"小脸上写着无尽的得意。

珍视幼儿大胆的语言，尊重幼儿丰富的语言，感动于幼儿精彩的语言；运用幼儿奇妙的语言，就能创造出教学中让人惊喜的快乐。

3. 童趣盎然，舞动教学的灵性

幼儿是天真烂漫、纯洁无邪、活泼可爱的。幼儿一般都是有童趣的，随着年龄的增长，阅历的深厚，人变成熟、稳重了，也有城府、心计了，童趣也就荡然无存了，所以，童趣是幼儿最宝贵的财富。幼儿教师要让课堂童趣盎然，让教学充满灵性。

譬如，课堂上比较活泼、顽皮、爱插嘴的幼儿，可爱之处就在于他们的率真，敢想敢说，无所顾忌。有时候，巧用幼儿的插嘴，正确引导，做到放而不纵，不仅能促进师幼情感的优化，还能促进幼儿的有意学习。另外，如果幼儿教师站在幼儿心理的角度，用幼儿的情感去想，就会悟出：实际上幼儿插嘴只是急切地想向老师、伙伴们表达自己的想法而已，也是一种学习欲望的体现。同时，也从另一个角度反映出其已投入到学习中，认真听讲了。他们插嘴有时候"牛头不对马嘴"或者"异想天开"，这就需要幼儿教师的正确引导，也许正是因为幼儿那种近乎"风马牛不相及"的或异想天开的插嘴中，埋藏着一颗创新的种子。

课堂中，并不只是有感悟、理解、训练，还应该用丰富多彩的教学形式，促进幼儿的发展。要把握幼儿的心理特点，采用唱歌、表演、猜谜语、绘画等多种多样幼儿喜欢的方式，调动幼儿的积极性，让课堂充满童真、童趣。

知识拓展

用童心架起与幼儿沟通的桥梁

作为一名幼儿教师，必须拥有爱心、责任心、童心这"三心"。其中童心是幼儿教师的特质，是高质量师幼互动的前提。陶行知先生曾说过："我们要懂得儿童的心灵，要用儿童的大脑去思考，要用儿童的情感去体验，还要用儿童的兴趣去爱好。"

人们认为做好一名幼儿教师并不难，就是陪幼儿玩玩就好了，但是与他们朝夕相处以后，逐渐才认识到这并不是一件容易的事情。

李老师之前是一个喜欢对幼儿大喊的人，命令幼儿们保持安静，由于许多事情都不能冷静下来处理，从而产生了很糟糕的结果。

有一次午睡起床后，牛牛正气呼呼地作势要打欣欣，李老师看见后上去将牛牛一顿批评，牛牛并没有害怕，说："是她先……"又来了！于是，李老师提高了声音："我现在说的是你，你为什么总喜欢把错误推给别人？如果你这样的话，大家都不会喜欢你了。"

牛牛噘着嘴，涨红了脸，眼泪在眼眶里打转，嘴里还嘟囔着什么。李老师突然认识到，是不是李老师误会他什么了？李老师没有给他解释的机会。在下午的活动中，李老师也发现自己和牛牛之间似乎产生了隔阂。

后来经过调查，原来是欣欣把牛牛的茶杯拿走了，不让牛牛喝水，牛牛急了，才动手的。因为李老师的不理智伤害了牛牛，假如李老师可以控制自己的情绪，让牛牛有解释的机会，可能就不会是现在这样的情况。

面对调皮的幼儿，我们经常会先入为主将注意力集中到其问题和缺点上，习惯用批评和责备去纠正其过错和行为，而忽视了深入了解事实和情感上的交流。简单地将牛牛打人的行为认定为不守纪律，欺负别的小朋友，教育方式上也很生硬，没有给予幼儿表达、解释的机会。

认识到自己的做法不正确后，李老师决心改变自己。学着站在幼儿的立场，理解他们，把自己当作幼儿。随后的几个星期，当李老师试着了解幼儿的感受时，李老师说话的方式也随着发生改变，不再是简单地呵斥，而是经常和他们一起玩儿、一起聊天，在活动中多了一些鼓励的言语和抚摩幼儿、抱抱幼儿的动作。他们开始喜欢李老师，也开始愿意听老师的话了。这一段时间里幼儿会在活动间隙跑来跟老师说悄悄话："李老师，我可以喊你姐姐老师吗？"娇娇眯着眼睛笑嘻嘻地跑到李老师面前。"为什么要喊我姐姐老师啊？""因为你就像我姐姐一样可爱漂亮，还爱我。"原来幼儿真的很天真，他们也在用童心感染着李老师。幼儿教师对幼儿的爱，从来都不是单方面的付出，用一颗童心，一双善于发现的眼睛，用心观察幼儿生活中的细节，随时可以捕捉到幼儿带来的乐趣。

现在老师与幼儿之间已经没有距离了，老师和他们也成为了好朋友，那是因为老师有了一颗童心，童心是与幼儿沟通的最好的桥梁。

主题3　平常心——善待幼儿，解放自我

导语

什么是平常心？所谓平常心，一是尊重客观事实，尊重规律和规则，既不要高估，又不要低估自己的能力；二是要积极主动，尽力而为，还要顺其自然，不苛责自己与别人。一个人若有了平常心，才能做好每天要做的事情，享受生活，享受做好每一件事情所带来的快乐。

一、幼儿教师需要一颗平常心

人生最佳的境界就是平静而又丰富。平静是由于摆脱了外界虚名浮利的诱惑，丰富是由于拥有了内在精神世界的宝藏。这道出了人生的真谛，即拥有一颗淡泊名利的平常心。

一名优秀的幼儿教师要宁静致远，修得一颗平常心。平常心讲起来很容易，做起来却很难。一个人不能脱离现实而存在，纯粹地根绝欲望的人也是不存在的，最重要的就在于，是否能时刻自省，不丧失自我的本性，追求自然本真的品格。

平常心并不平常，一个初入社会的人无法具备平常心，为了做好幼儿教育工作，这是一堂必修课。平常心不是与生俱来的，拥有一颗平常心需要日积月累地修炼，要经过一个长期自我修养的历程。首先，必须要有淡薄名利的意识，安心于幼儿教育这平凡而有意义的工作岗位。不贪图名利，能跳出了名利的困扰，唯有如此，才有可能把真诚

献给幼儿园里的每个幼儿，为他们的成长创造一个乐园，使之幸福生活，健康发展。"一切为了幼儿，为了一切的幼儿"，不论他们来自怎样的家庭和社区，不论他们的品行如何，幼儿教师都要一视同仁、平等对待，用一颗慈爱善良之心来关爱幼儿、尊重幼儿、为幼儿着想。

一个具有平常心的幼儿教师才可能着眼于全体幼儿，才可能将幼儿时时放于心间，才可能真正为所有的幼儿创设安全、可靠的学习环境，欣赏和尊重每一个幼儿的个体差异和独特需要。

二、幼儿教师以平常心直面现实

在当下竞争日趋激烈的社会中要保持一颗平常心是十分不容易的，由于生存的压力、下岗的危机，使得大家经常在矛盾冲突的心理中自我折磨。同样，幼儿教师也要经历严酷的现实，他们也有一般人的喜怒哀乐，有各种各样的心理压力和心理需求，这时更需要有一颗平常心，才会在面对琐碎、平凡的事情中感受快乐、喜悦和幸福；才会在竞争的环境中保持自制，荣辱不惊，坦然地面对失败和挫折，不苟且生活也不强求生活。同时，幼儿教师这种知足常乐的积极心态将会给那些天真烂漫、具有各种不同心理需要的幼儿带来积极的影响，让幼儿在集体生活中感受到温暖，从而形成一种安全感、信任感，这有利于幼儿健康心理的养成。

三、学会自我调节

一名幼儿教师只有拥有了良好的心理调节能力，才能教出更出色的幼儿，才能在幼儿园里创造更和谐的氛围。

那么，当幼儿教师有了情绪，需要怎么自我调节呢？不妨看一看下面的建议：

1. 正确认识工作压力

幼儿教师要正确面对压力。任何工作都会存在压力，有压力才会有动力，恰当的压力可以帮助我们提高积极性，有利于问题的解决。研究表明，从事某种活动如果压力过小或者没有压力，人就没有积极性，恰当的压力能够激发人的动力。因此，幼儿教师要正确面对工作压力，要以积极的心态去看待工作压力。

2. 学会积极适应环境

"适者生存，优胜劣汰"是自然法则。作为幼儿教师就要对自己和环境两方面辩证地分析，若是自己的问题，就改变自己来适应环境；若是环境的问题，要在力所能及的情况下对环境施加影响和改造。

3. 通过学习以提高自己的技能，获取职业幸福感

许多幼儿教师感到压力大，其中一部分原因是无法胜任工作。只要是在园期间，幼儿教师几乎时时刻刻地处于紧张的工作状态，一天内不但要为幼儿实施教育，还要注意保育，做到保教合一，许多幼儿教师会感到力不从心。面对这种情况，建议幼儿教师加强学习，既可以参加园里组织的培训，也可以向园里有经验的教师学习，还可以通过书籍、网站等渠道，尽快提高自己的保教技能，从容地应对一天的工作。

4. 学会各种放松方式

面对工作压力，幼儿教师可以选择各种放松方式，可以很好地改善工作压力。一是合理地释放工作压力。比如，跟家人朋友聊天、逛街买东西、外出旅游等都可以缓解紧绷的神经，降低工作压力。二是增加自己的兴趣喜好。例如，可以利用空余时间做自己喜欢的事，丰富业余爱好可以让注意力有效转移，从而缓解压力。三是适当的体育锻炼

也可以降低工作压力，如散散步、在健身房锻炼、跑步等运动方式；适当的体育锻炼可以让压力得到缓解，不仅可以强身健体，而且还可以转移注意力，对缓解幼儿教师的工作压力有一定的效果。

5. 建立合理的自我期望

俗话说："期望越高，失望就越大。"自我期望太高若不能达到自己想要的结果，就会引发自己的挫败感，期望过高过低都不利于形成工作成就感。所以，幼儿教师要建立合理的自我预期，根据自己的真实情况，实事求是；不要不切实际地苛求自己，建立自己难以达到的高期望。因此，在确定自己的目标时要符合自己的实际情况，建立合理的自我期望。

🌸 知识拓展

平凡的工作，平常的心

因年少时的梦想，王老师选择了幼教事业。不经意间，10多年的时光在平凡和平静中悄然逝去，她没有留下什么可喜的成绩，也没有作出什么惊人的壮举，直到今天她依然坚守在这里。正如王老师所说："我不敢说非常热爱这份工作，我更不敢说为之付出了多少，只是在这平凡和朴实中，我用实际行动诠释着一个普通幼儿教师存在的价值。"

随着幼儿教育的不断发展，对幼儿教师的要求也越来越高，当代教师专业发展的一个重要趋势就是促使经验型教师向专业化教师转变，幼儿教师的专业水准已成为决定教育质量的重要因素。私下里经常听同行抱怨，目前的幼儿教师实在不好当。的确，面对烦琐的工作性质以及压力四伏的工作氛围，有的时候，王老师确实感到心力交痒，她自问，整天忙忙碌碌到底是为了什么？当别人靠在沙发上看电视时，而她却在电脑前查资料、作计划、写文章；当别人休息日领着孩子逛公园时，而她却在电大为自己充电，疲于应付考试的煎熬……王老师感叹道："或许在我们的人生之路上，每个人都渴望成功，每个人都企盼幸福与快乐。可是往往事与愿违，这一方面取决于我们的心态与观念，即怎样看待人生，怎样看待现实中的成败得失，怎样去衡量幸福快乐，等等。另一方面还取决于我们的基本操作能力，即我们是否有足够的能力去获得我们希望得到的东西。因此，我既然选择了做一名幼儿教师，就要拥有一颗平常心，然后尽我的所能，担当好自己的工作职责。"她做出这样的总结：

一是面对现实，正确认识自己。只有对自己有着正确深刻的认识，譬如了解自身的优缺点、个性、兴趣、工作能力以及所担负的职责等，才能树立正确的人生观和价值观；从实际需要出发，客观地评价自我，为自己设定的目标与个人能力、精力相吻合，才能扬长避短，在工作中发挥自己的优势，从容面对挫折，缓解工作压力。

二是敢于改变自我。作为现代的幼儿教师，应当与时俱进，及时吸纳新思想、新知识、新信息，懂得不断自我成长、自我更新，不断充电，提高能力，积极地适应时代发展，辩证地分析利弊，将压力变为工作动力。与此同时，努力调整个人的认知、思维以及行为方式，健全人格，优化性格，培养良好的行为习惯。

三是学会自我调节，保持良好的心境。通过各种方式做到劳逸结合，放松自己，从而使自己更好地对待工作。

主题4 求知心——满足幼儿，补充自我

导语

　　面对信息化社会以及幼儿教育环境发生改变而提出的新课题，即便是曾经拥有丰富经验的教师，同样需要及时更新自己的知识结构，调整自己的心理状态，以适应教育教学的新需求。与此同时，还应当在教育实践中更自觉地积累经验，进行深入的钻研和独立的创造，在反思研究中超越自我。所以，幼儿教师必须具有一种知识更新的紧迫感，从而促使自己充分利用点滴时间，利用所有机会，克服困难，刻苦钻研新知识，让自己具有更广阔的知识视野，在教学中及时反映社会发展、科技进步与幼儿教育的前沿成就。如此一来，幼儿教师才具备永恒的魅力与价值。

一、幼儿教师要有一颗求知之心

　　一名优秀的幼儿教师不能仅仅满足于自己拥有的专业知识。有这么一个小故事，两名中学生在课间谈论健康知识，老师说道："准备上课，别再谈吃的了。"学生听了之后惊讶不已。这个故事说明教师若只限于自己所教的那一部分知识，不及时了解现代科技知识和信息，便会落伍于时代。因此，幼儿教师的知识必须要及时更新，以前的一些知识和经验已经跟不上时代发展的需要了。

《幼儿园教育指导纲要》（以下简称《纲要》）中指出："教师应成为幼儿学习活动的支持者、合作者、引导者，关注幼儿在活动中的表现和反应，敏感地察觉他们的需要，及时以适当的方式应答，形成合作探究式的师生互动。"要做到这一点，就需要幼儿教师主动、及时地更新思想观念、更新知识体系，怀有一颗求知的心，运用生活中的点滴时间，认真地学习《纲要》的各项要求，刻苦钻研新知识、新技术，时刻提醒自己在教育教学实践中积累经验，并在反思研究中超越自我，让自己的视野更宽阔。

幼儿教师需要始终有一颗求知心，不满足于现状，通过不断学习来充实自己、发展自己，为成为一名优秀的幼儿教师不断努力。幼儿教师不仅要有过硬的科学文化知识和较强的业务素质，而且更重要的是要有专业技能技巧；幼儿教师在给幼儿传授知识时要有趣味性，让幼儿在边玩边学的情况下，比较轻松地理解与接受。

二、幼儿教师的困境与挑战

当下知识经济正蓬勃发展，信息化技术设备、手段等日益先进和丰富，这些不但在推动人类社会前进，还对人类发展提出了更高的要求。作为人类可持续发展的重要路径，教育担负着意义重大的使命任务。因此，教师作为教育的中坚力量，在课程改革不断深化的背景下面临着空前未有的挑战，主要如下。

挑战之一：教育理解的多元化

在传统的教育范畴里，大家推崇以所谓理想化的模式去改造幼儿，来达成预定的发展目标。西方世界在20世纪70年代兴起了后现代主义的思潮，为全球的教育趋向带来了颠覆性的影响。在后现代话语与现代教育的交融中，大家不再竭力于形式单一的课程开发，课程领域开始为理解所占有。在相当大程度上，它对教育理论及实践工作者产生了观念的冲击。后现代教育思想对传统呆板、僵化、一元教育思维提出了批判，并主张多元教育思维，强调不确定性，以更充分地揭示各种可能的意义。思维的转换给局限于传统教育方式的幼儿教师带来了许多困惑与迷茫。由于习惯用确定的目光看待幼儿的发展，习惯施行教材的既定方针，当一元为多元所取代、确定性为可能性所代替的时候，他们通常感觉无从下手。

挑战之二：角色定位的多元化

在学习型社会的创建过程中，作为人类灵魂工程师的教师，必须成为学习型社会建设的先行者与示范者，并在转变理念的探索中实现角色的重建。在过去的幼儿教育中，幼儿教师的主要职责是把知识传递给幼儿，在进行教学和其他教育活动时都是按照上级安排，贯彻教材的主要精神。"教"把幼儿教师固定在单一的角色定位上，从而造成了幼儿教师创造力的缺失、教学形式化等许多方面的问题，并极大地影响了幼儿经验能力的和谐发展。与多元化教育理念相适应，作为课程改革一线的幼儿教师必须拥有多重角色，并能按照实际情境，灵活地转变角色。

挑战之三：能力素质的综合化

新时代是教育理念多元化的时代，这对幼儿教师的能力素质提出了极高的要求。作为一名新时代的幼儿教师，不仅要有很好的技能与技巧，能够胜任幼儿园教学的各项任务，还要有扎实的专业素养和一定的理论水平，来支持自身的专业化成长。不但要有处理教学过程中可能出现问题的各种技能，而且能在幼儿园教育中发挥主体性作用，具备发现、分析并解决问题的实践反思和操作能力。不但要有独当一面组织班级幼儿的能力，还要能在与园长、家长以及其他教师协作的良好氛围中不断完善自我的能力。凡此种种，均与传统意义上教师的能力素质结构产生了巨大的冲突。如今仍然有一部分幼儿教师接受的师范教育是重技能、技巧，轻专业理论的训练，从而造成了幼儿教师专业理论基础的薄弱，知识能力结构的失衡。毋庸置疑，当他们处于变革的时期，将深感所学难以致用，困难重重。而综合化则更是要求幼儿教师摆脱安于服从、疏于家园合作的封闭状态，通过形式各样的实践促使自身能力的平衡成长。从失衡到均衡，从分散走向综合，需要经过长时间的发展过程。

三、终身学习，提升自己

当今社会的发展对我们提出了终身学习的要求，作为教育基础的幼儿教师，因受到历史和现实的各种困境与挑战，需要不断地反思与探索，才能促进幼儿教师的成长，推进幼儿教育质量的提升。

1. 克服教育惯性，树立积极的学习意识

英国社会学家安东尼·吉登斯说过："人们的生活需要一定的本体性安全感和信任感，此感受获得实现的基本机制是人们生活中习以为常的惯性。"惯性产生于人们的实践中，并可以通过实践的重复促进一种指导人们行为举止的意识。在长期比较封闭的幼儿园教育环境中，幼儿教师的工作相对稳定、安逸，缺少变化和创新，幼儿教师缺乏危机意识。这导致其教育惯性并严重影响他们参与改革的主动性。

在变革中，不同的幼儿教师表现出不同的状态。在教育惯性的主导下，有的幼儿教师抱着恐惧心理，觉得自己不具备足够的能力，新任务做不来，从而背上了沉重的思想包袱；有的幼儿教师则表现出自我认同的混乱，不明白到底应如何重新给自己定位，对未来发展无

确切的设想，处于混沌状态，故不明白究竟该做些什么，如何去做；还有的幼儿教师依然遵守传统的职业习惯，上级指示，下面执行，把自身发展当作管理层的任务，依靠管理者的安排与领导，在上级安排的"保护伞"下走上教育惯性的轨道。不同的是，上级的安排比过去多了很多，当这些徘徊于他们思想之外的发展"任务"占用他们大量的时间时，他们便会感到十分厌倦。在实践中，还有许多基于教育惯性而产生学习惰性的表现。无论是在上述何种情况下的幼儿教师，从思想实质来说，对课程改革背景下自我的专业化成长都缺乏危机意识，在被动应答的状态下无法形成学习的内在需要与动机。毫无疑问，如此的状态严重影响了他们投入幼儿园新课程建设的兴趣和热情。从某种程度上来说，如今幼儿教师的职业压力并不只是在园事务的增多，还有精神上的压抑。其中，能动性的缺乏正好是幼儿教师精神压抑的一个重要原因。

想要克服教育惯性，一是幼儿教师必须具备一定的危机感，认识到自己担负责任的重大和所面临挑战的复杂艰难，将"我不得不去做"变为"我想要去做"。《第三次浪潮》作者托夫勒在他的《未来的冲击》一书中告诫大家："当个体预先知道下一步会发生什么情况时，他便会争取更好的行动。"通过增加危机感，我们可以转变自己的学习观念，以内在动力促使自己更好地进行实践探索。二是幼儿教师还要构建良好的自我效能感，把个人价值的实现融入到职业发展的过程中，将"为别人而学"转变成"为自己而学"，让学习成为自发的状态。面对变革浪潮，幼儿教师不要逃避与退缩，而要迎难而上，展现出良好的精神面貌，将学习作为提升自我以适应整个时代潮流必经的路径，在完成本职工作的同时体验发挥人生价值的愉悦。感悟到这一点，相信幼儿教师的思想将产生很大的转变，因惯性而产生的职业倦怠也将转化为一种职业幸福。

2. 利用各种可能的契机，形成多元的学习能力

一名新时代的学习型教师，不仅要有学习的主观意愿，更要能够学会学习，通过有效地学习实现自我成长。

学习型教师要善于利用各种资源进行学习。针对目前专业理论素养相对薄弱的客观情况，教师要有意识地加强理论学习，除仔细阅读专业理论书籍、巩固专业基础之外，还要积极地浏览最新的学术动态，了解教育前沿，与时俱进，以学习促发展，以发展带动更好地学习。在信息知识日益丰富的今天，我们不缺乏学习的资源，而是缺乏发现资源的眼睛。只要做生活的有心人，就能够通过各种途径，在各种地方找到学习资源，服务于自身。

学习型教师还要善于通过合作交流获得发展。国际21世纪教育委员会在向联合国教科文组织提交的报告中提及，学会认知、学会做事、学会共同生活和学会生存是未来教育的四大支柱。在论及"学会共同生活"时，报告指出，"这种学习可能是今日教育中的重大问题之一"。

学习型教师也要善于从实践中学习，成为实际的行动者。幼儿教育事业具有很强的实践性，只有与幼儿打成一片，才能更加深入地了解幼儿，营造出适宜的环境来支持幼儿的发展。实践赋予幼儿教师学习的空间。善于学习的幼儿教师，一定是能够不断从实践中发现问题并试图研究和解决问题的教师。实践赋予幼儿教师学习的智慧。在实践基础之上建构起来的经验，将为幼儿教师明确自己的学习方向，并奠定良好的学习基础。实践赋予幼儿教师学习的动力。善于学习的幼

儿教师，应该从实践起步，结合理论进行反思，总结经验得失，最终回到实践中去。

3. 采用适宜的学习方式，在循序渐进中前进

美国当代著名的管理学家彼得·圣吉在论及学习型组织时，曾把其技能要求归结为"五项修炼"：自我超越、改善心智模式、建立共同愿景、团体学习、系统思考。这五项修炼相互影响，相互促进。这对学习型幼儿教师的自我修养不无启发意义。

建立共同愿景，形成团体学习离不开个体的自我超越以及心智模式的改善。而这两项恰恰构成了个体愿景达成的基础。个体是差异的存在。要实现个体愿景，首先就要深入地了解自我、剖析自我，通过适合自身的方式提升学习的品质与技巧，发展起综合化的能力素质结构。在多元化的能力素质结构中，各种能力之间有着密切联系，并且呈现出一定的层次。其中最为基础的是幼儿教师对基本知识的把握能力，包括了教师对教育的一般原理以及方法论的认知、理解和感悟能力。需要进一步提升的是教师的实践操作能力，即教师理论运用于实践的能力，包括了实践的具体操作方法和教学的技能技巧等。最为深层的是教师的研究和创新能力。从理论理解到实践操作再到研究与创新，是一个不断深化的过程。当我们在某一层面出现问题时，完全可以返回到其基础层面上去思考，挖掘本质原因。这将对我们完善自我产生极大的帮助。有了能力分层，我们可以了解，不同教师的能力素质结构也各不相同。明确自己的实际情况，将有助于进行有针对性的个人规划。在分析自己的基础层能力、中层能力和上层能力分别处于什么水平以后，教师可以分阶段、循序渐进地朝着个人愿景的方向前进。

知识拓展

一名幼儿教师求知的体会

我们的生活日新月异，随着社会的不断发展，教育理念也持续更新。为了适应幼儿的求知需求，我们要不断学习，随时补充自己的知识，给自己充电。如果只靠原来在学校学的知识，远远不能满足幼儿教育的需求，这样长期下去就会被社会所淘汰。

随着社会的进步和时代的发展，对幼儿教育也提出了更高的要求。幼儿教师怎样更好地适应幼儿园改革的需要，是摆在我们面前的新课题。为适应社会的意愿，顺变时代的发展，我们应该从自己做起。

新《纲要》对幼儿教师的素质提出了新的要求，因此我要不断提升自身的专业素质。认真学习、努力钻研、充分实践，并且在实践中学会自我反思、自我探究。在各类教学实践及课题研究等活动中我们要由原来服从任务的执行者，渐渐成为乐于尝试、敢于创新的实践者。遵循实践、发现问题、反思、调整、再实践、得到提高的流程，从中提高自己的专业素质。

优秀的幼儿教师既要有扎实的学术根底，广阔的学术视野，不停地追逐学术前沿的意识，又要把握教育的真谛，了解幼儿发展的规律，掌握现代教育信息技术，具备热爱幼儿、关心幼儿、对幼儿认真负责的品质。因此，我们要积极自主学习，争取在知识内涵上有新突破。

21世纪是知识经济的社会，其发展必然要引起教育的变革和创新。因此，我们要从新的起点开始，以新的目标鞭策自己，让自己不被社会所淘汰，信心满满去迎接新的挑战。

主题5　创新心——创新教育，完善自我

导语

　　要培养具有创造力的人才，首先应当要做创新型的教师。创新型幼儿教师是知识经济时代对幼儿教育的必然需要，是幼儿教育事业发展的必然需求。在实践中，教育的任何创新与变革最终都要通过教师来完成。因此，创新型幼儿教师要注重创造与创新教育，为幼儿的成长提供更好的教育环境。

一、创新型幼儿教师的内涵和特点

幼儿创新能力的培养，得益于幼儿教师的指导。一支创新型幼儿教师队伍的构建，对幼儿创新能力的形成具有重要的作用。创新型幼儿教师的内涵、特点等如下：

1. 创新型幼儿教师的内涵

所谓创新型幼儿教师，是指具有创造型教育思想和教学理念，能自觉地去学习和践行最新教育教学成果，能灵活地运用最新教学理念指导教学，能有意识地对幼儿进行创新能力培养的教师。

2. 创新型幼儿教师的特点

与一般幼儿教师相比较，创新型幼儿教师在教育观、师生观、儿童观以及实践观等方面均具有鲜明的特点，具体体现在以下几点：

（1）教育观。教育观是教师对教育教学的态度及行动指导，创新型幼儿教师善于构建宽松的教学氛围，能创设良好的教育教学条件，

调动幼儿思考及活动的积极性，能最大限度激发幼儿的创造欲望。

（2）师生观。良好的师生观是促进教育教学顺利推进的润滑剂，在创新型幼儿教师看来，幼儿是课堂的主体，教师是促进幼儿发展的指引者，两者是伙伴和同行者的关系。在这样师生观的指引下，幼儿教师能充分尊重每个幼儿的人格，能真心地爱护和关心幼儿，能用赏识的眼光看待每个幼儿的成长。

（3）儿童观。在创新型幼儿教师看来，他们坚信每个幼儿都是独立发展的个体，每个幼儿的创造力都能得到挖掘和提升。在这种儿童观的影响下，创新型幼儿教师能积极地进行因材施教，能依据每个幼儿的个性进行有针对性的创造能力培养。

（4）实践观。常言道"实践出真知"。创新型幼儿教师坚信通过对幼儿提供充足的实践机会，能有效地锻炼幼儿的创造能力。所以，这类教师自身动手实践能力很强，且在教育教学中也能有意识地为幼儿提供充分的锻炼机会，以锻炼幼儿的创新能力。

二、培养创新型幼儿教师的必要性

1. 培养创新型幼儿教师是知识经济时代对教育的必然要求

知识经济的基本特点就是知识不断创新，高新技术迅速产业化。加快知识创新，加速高新技术产业化，关键在于人才，而人才的培养关键在于教育的创新。像比尔·盖茨那样的创新型人才，他的产业或资本就存在于他本身，教育赋予他的不仅仅是知识本身，更是超越传统的气魄和创造才能。由此可见，我国的教育目标并不是多培养几个硕士、博士，而是要使人才具有创新能力，这也是知识经济时代对教育的必然要求。只有当更多的教育对象接受了富于创造精神的教育，我们的教育才有希望。

2. 培养创新型幼儿教师是学前教育事业发展的必然需要

幼儿时期好奇心和好胜心强，没有太多的思想束缚，敢想、敢做，是培养创新意识和创新能力的最好时期。只有重视培养幼儿的这种创新精神，才能使他们的创新能力得到不断发展。否则的话，这种宝贵的精神只能被扼杀在摇篮中。联合国教科文组织国际教育发展委员会的报告《学会生存》中强调："人的创新能力，是最容易受文化影响的能力，是最能发展并超越人类自身成就的能力，也是最容易受到压抑和挫伤的能力。"因此，创新能力的培养与幼儿教育具有紧密的联系。

只有创新型教师，才能造就出创新型幼儿；只有创新型教师，才能用创新型的教育唤起幼儿的创新型学习，让教与学合理地碰撞出创新的火花。

3. 培养创新型幼儿教师是实施素质教育的必然需要

素质教育是以人为本的教育，重点在于开发人的潜能。在一个人的各种潜能中，创新能力的潜能是最重要的。幼儿期是个体最富有创新力的时期，开发和培养幼儿的创新能力，是对他们进行素质启蒙教育的一个重要任务。然而目前我国幼儿教育中仍存在着束缚幼儿手和脑的严重问题，对幼儿的创新素质培养还没有引起足够的重视。要想让教育从大一统的刻板模式中摆脱出来，成为开发创新能力的园地，成为创新型人才不断涌现的乐园，就要培养创新型的幼儿教师。创新型幼儿教师是幼儿素质教育中最关键的力量，是高品质幼儿教育最重要、最直接的创造者。培养创新型幼儿教师，既是幼儿之幸，又是幼儿教育之幸，更是国家民族未来之幸。

三、创新型幼儿教师的基本素质

关于创新素质，很多教育专家都进行过深入的研究和探索，相关的研究比较一致地认为，创新素质是一个多元结构，主要包括创新意识、创新精神、创新思维、创新能力以及创新人格。在这五个要素中，创新意识与创新精神是基础，创新能力是核心，创新人格是目标，创新思维是桥梁。创新型幼儿教师要有如下基本素质。

1. 创新意识

创新意识主要包括创新动机、创新欲望、创新兴趣。幼儿教师必须具备前瞻型的幼儿教育理念。当今社会的创新教育对幼儿教师素质的挑战，首先是对教育思想和理念的挑战。但幼儿教育的有效性决定了幼儿创新教育应该以未来发展趋势为导向，以现实为依托，以培养人才为目标。所以，幼儿教师应将创新教育思想渗透到自己的教育理念中，落实到自己的教育实践中。创新并不是天生的，而是能够培养的能力，相信每个幼儿都有创新的潜能，注重引导幼儿的创造需要，根据科学的教育规律，培养幼儿的创新素质，提高其创新能力。

2. 创新精神

创新精神主要包括创新理想、创新勇气、创新意志。通常说来，创新精神的人具有四个特征：一是有不甘平庸、勇于创新的人生志向；二是能在一个领域干出显著的业绩；三是有持之以恒不达目的不罢休的坚强意志；四是有积极乐观的人生态度。发明家爱迪生有这么一句名言："许多生活中的失败，是由于人们没有认识到，当他们放弃努力时，距离成功是最近的。"再简单的创造，在被创造出来以前，也会孕育不少的失败。只有具备创新精神的人，才能最终获得成功。

3. 创新能力

创新能力一般包括认识能力、观察力、想象力、思维力、注意力、记忆力、实践力等。

创新型的幼儿教师应具有多元的能力结构：

一是实际操作能力。这是一项非常重要的创新能力。要求具备唱、弹、跳、画、手工制作等多方面的技能技巧和实际操作能力，这也是幼儿教师不同于大、中、小学教师的突出特点。幼儿的年龄特点、思维特性决定了幼儿只有在操作中才能获得经验、获得发展，才能使创新意识得以开启。所以，幼儿教师的自身操作能力在创新教育中显得特别重要。

二是实施创新教育活动的能力。幼儿园的创新教育是通过教育活动来实现的，因而幼儿教师组织教育活动的能力是至关重要的。幼儿教师的这一能力主要包括三个方面：设计和组织教育活动的能力、创设有利环境的能力和正确评价幼儿的能力。

三是自我成长的能力。幼儿教师的职业始终是一个与时俱进的职业。因为时代对人才的要求不断变化，幼儿教师必须终身学习，不断成长。

🌸 知识拓展

如何做一名创新型幼儿教师

在幼儿园教育中，想象力被视为幼儿一个创造性的认识能力，但通常被幼儿教师忽视，甚至被扼杀。为此，我们需要对如何做一名创新型幼儿教师进行一些简单的探讨。

　　幼儿教育的重要职能在于既要确保每个幼儿适应现实的社会，又要确保他们适应并创造未来的社会。这就要求幼儿教育的培养目标在注重现实的基础上，还应当放眼未来。创新教育在其中不但有着明确的社会发展价值，还有着鲜明的个人发展价值。

　　倡导创新教育，就是要将幼儿从传统教育的束缚之中解脱出来，发挥他们的天性，挖掘他们的创新能力，让他们学会自主学习和独立思考，并具有实践能力和创新精神。在实际工作中，幼儿教师通常把幼儿当作是弱小的、被支配的对象。事实上每一个幼儿来到幼儿园的时候，除了怀有获得知识的愿望外，还带来了他们自己的情感世界，假如幼儿教师认识到幼儿是一个独立的人，就可以理解幼儿的思维方式，接受幼儿的个性特点，保护和珍惜幼儿的创造性。

　　从实际情况来看，幼儿教育的主要内容有三点：一是习惯的培养，二是兴趣的发展，三是智力启蒙。这里不只是灌输、死记一些意义不大的知识，而且要注重幼儿观察力、注意力、想象力和创造力的全面开发及非智力因素的培养。幼儿教育应是百分之百的成功教育，教师必须时时注意保护、滋润每个幼儿刚刚萌芽的自尊心，使幼儿经常体验到成功的快乐。